米中新冷戦のはざまで日本経済は必ず浮上する

令和時代に日経平均は30万円になる!

エミン・ユルマズ Emin Yilmaz

はじめに

1989年は平成元年で2019年は令和元年です。この30年を隔てたふたつの年は驚くほどシンクロしているのをご存知ですか？　1989年には天安門事件が起こり、ベルリンの壁が崩壊しました。大きな秩序の転換がこの年に起こったのです。そして2019年——天安門事件にあたるのが香港の大規模なデモです。ベルリンの壁の崩壊にあたるのは米中対立の激化であり、ブレグジットです。現在、ありとあらゆるところで激しい秩序の崩壊が起きています。歴史の大きな転換点となっています。

いったい何が起こっているのでしょうか？

実は、日経平均は大きなサイクルで観れば40年上がり、23年下がるという動きをしています。1989年に天井をつけた日経平均は、23年下げ続け、2013年に再び40年の上昇サイクルへと動きを変えました。

同じ年に第2次安倍晋三内閣が本格的に始動し、しかも米中の新冷戦が始まっています。これを助走として今年の世界的な動乱が起こり、新しい秩序が生まれようとしています。

そんななか、令和という新元号で日本は新たなスタートを切り、新しい天皇が即位されるという象徴的な出来事が起こりました。全世界が注目し、１９０以上の国と地域から外国要人が参列した「即位礼正殿の儀」当日、儀式の直前に土砂降りの雨がやみ、東京の空に虹がかかりました。それはまるで長く降り続けた平成の雨がやみ、日本経済の空も今後きれいに晴れてくる予兆のようでした。

今、日本という素晴らしい国が眠っていた時期を終え、動き出そうとしています。あらゆるサインが〝これからは日本の時代だ〟と告げているのです。

前回までの40年の上昇サイクルでは日経平均は２００倍以上になりました。令和の時代には少なくとも日経平均は30万円以上になります。新しい時代は日本にとって最大のチャンスだからです。

そんな馬鹿な？　と思われた方はぜひ本書を読んでください。世界はこれからどう動くのか？　そこで日本はどうするべきか？　平成という時代は令和から振り返るとどういう意味があったのか？　日経平均はどんなふうに動くのか？　新しい時代の投資はどうするべきなのか？　みなさんが興味津々の話を詰め込みました。

本書を読まれて、日本と同じようにあなたも目覚められることを期待しています。

２０１９年　11月　エミン・ユルマズ

目次

はじめに―― 2

第一章　米中覇権争いと新冷戦―― 7

ペンス副大統領の演説で冷戦に気づいた世界／貿易戦争をしかけたのは米国ではなく中国／中華皇帝となった習近平／習近平とドナルド・トランプの共通点／米中は戦争を回避できるのか？／「トゥキディデスの罠」とは？／米中冷戦を一番理解できるのは日本／米中戦争で日本は巨像に踏まれる芝生になる／実はソ連はアメリカにとってさしたる脅威ではなかった／アメリカは「脅威」で西側をまとめあげた／中国の人口は武器である／中国の歴史観では西欧覇権はアクシデント／中国共産党の正当性／国家主義と民族主義／「中華民族」という理想／日本人は日本のバリュー（価値）を知らない／今こそ平和ボケから目覚めるとき／冷戦だからこそ必要とされる安倍内閣／もっと評価されていい中央アジア歴訪／日本とイランの歴史的関係／スンニー派とシーア派／イラク戦争で得た漁夫の利／中東戦略の練り直しを迫られる米国／アメリカと中国の戦争観／再び世界は二分されるか

第二章　グローバル化の終焉とブロック経済の復活――65
マスコミは語らない大阪G20の成果／安倍首相は習近平に人権問題を突き付けた／もはや役目を終えた国連／今後の世界はブロッキングが軸に／左右それぞれの反グローバリズム／世界のブロック化は避けられない／アジア・アフリカはとてつもなくデカい／移民問題の本質／ミレニアル世代／グローバル幻想／資本主義の危機が来ている／世界は「失われた30年」に向かう？／マトリックス社会が製造業を奈落に落とす／GDP成長率を妄信するな／グローバルとユートピア／トランプが迫る選択とは／兵器ビジネスのリアリズム／日米の半導体産業は蘇生する／消費増税から見る歴史の既視感

第三章　ジャポニスムの再来と日本の復興――103
「日本」は信用のブランドである／トータルコストという考え方／世界の企業が日本回帰を始めた／150年前の日本ブーム／廃仏毀釈と伝統美術の危機／日本を愛した明治の外国／歌舞伎とジャパニメーション／花札から出発した世界のニンテンドー／カジノ解禁は悪いことか／第二の黒船はチャンスの使者／平成は種まきの時代だった／ゲーム業界を救ったマリオ／アメリカの国力を支えるハリウッド／ポケモンは世界の子供の共通感覚／日本は世界一の観光大国になる／英語による情報発信が大切／中韓以外の観光客に目を向けるべき／コンパクトを楽しむ日本料理／量より質を求める日本人／雌伏の時代に努力する日本人／オリジナルより優れたものを／日本の官僚は無能か？／平均値が高い日本／日本はすでに覚醒している

第四章　中東とアフリカはどうなる？ 155

イスラム教徒は地球人口の4分の1／中東＝資源というのは片面的認識／中東は日本にとって巨大なマーケット／政教分離はこれからの潮流／アラブの日本ブーム／適材を見落としがちな日本式／途上国のエリートこそ優秀／イスラム金融の基本／宗派対立はどこで収束するか／アフリカは日本を待っている／アフリカの窓口エチオピア／アメリカの対アフリカ大型融資の真相／中国に蚕食されるアフリカ／中国のトラップ

第五章　新冷戦における投資戦略 187

世界の投資家が新冷戦シフトに入った／安全資産への見直し／知的財産の仁義なき戦い／宇宙戦争時代は始まっている／アメリカはすでに産油国だ／ミレニアル世代の消費マインド／中国企業さえベトナムに拠点を移している／はかりしれないインドの底力／「環境」は注目の産業だ／日本は株今、上昇サイクルに入っている／安倍政権誕生の意味／投資はストーリーで考えよ／わくわくした気分で投資先探しを／株主総会は経営者を知るチャンス／ヒントは「トレンドの周辺」／株で勝っているときこそ慎重に／パニックは早いうちがいい／10本に一本のホームランのつもりで／好きな物にこそ投資の価値がある／経営者が代わっても生き残る会社／令和の御代を明るく生きよう

装　丁／明日修一
著者撮影／岩本幸太

第一章

米中覇権争いと新冷戦

ペンス副大統領の演説で冷戦に気づいた世界

ドナルド・トランプ米大統領が中国に大型関税を実施する形で貿易戦争を仕掛け、ここへきて「米中新冷戦」という呼称がようやくマスコミにも定着してきた感があります。世界が「冷戦」という言葉を使うきっかけとなったのは2018年10月4日にハドソン研究所で行われたマイク・ペンス副大統領の演説でした。ペンスは米国と中国の対立は貿易だけではなく安全保障を含む幅広い分野における対立であり、中国は米国に挑戦を仕掛けているとしたうえで、米国は決して後ろに退くことはないと宣言しています。ニューヨークタイムズをはじめ主要な米新聞はこれを新しい冷戦の開始の演説だと解釈しました。確かに1946年3月5日に英国のチャーチル首相がアメリカのウェストミンスター・カレッジで行った「鉄のカーテン演説」に似ています。チャーチル首相は「バルト海からアドリア海まで鉄のカー

新冷戦対立

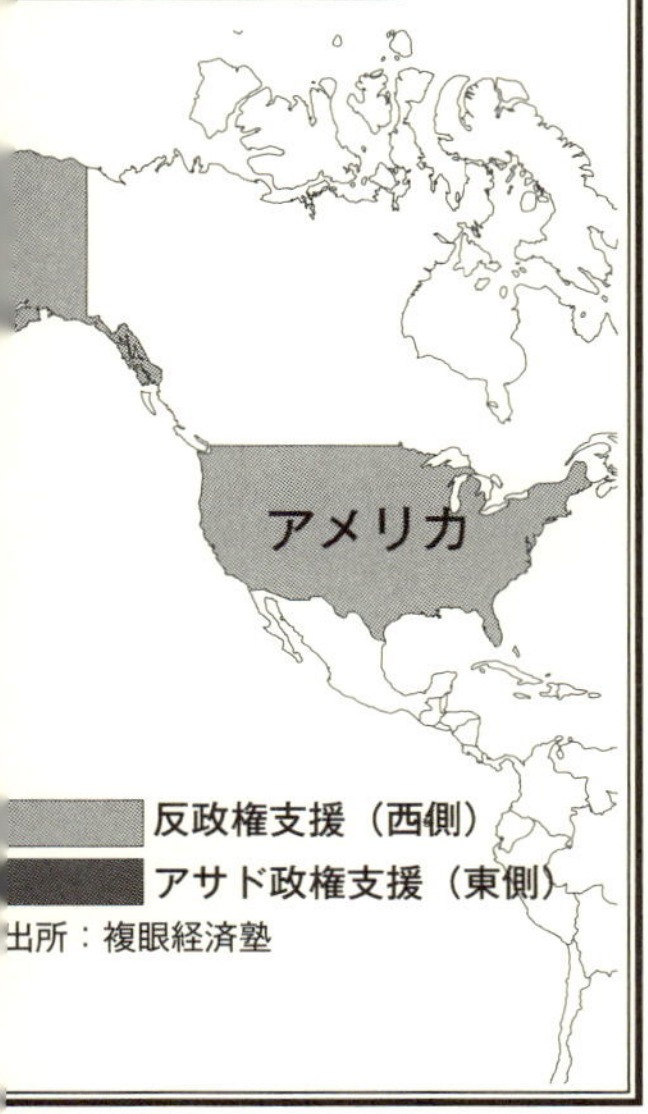

出所：複眼経済塾

シリアの内戦とウクライナ危機で明らかになった

テンがヨーロッパを横切って降ろされている」と話し、冷戦の開始を告げたのです。

実は、私はこの「新冷戦」という言葉をかなり早い時期から使っていました。２０１６年の後半から出演していたテレビ番組や講演会で、シリアの内戦で対立している国々を見ると、これは新たな冷戦構図を形成しているのではないかと指摘していました。当時はジャーナリストでも「冷戦」という語を使う人はいませんでした。というより、「冷戦」という言葉にリアリティを感じる人があまりいなかったというのが正しいかもしれません。東西冷戦は20世紀に終結しています。「ベルリンの壁は崩壊し、鉄のカーテンはなくなり、中国も改革開放を推し進め民主化の道をひた走るだろう。もう二度と地球上に線を引き、イデオロギーで二分するような愚かな時代にはならないし、なってはいけない」――という考え方が大勢を占めていたと言ってもいいでしょう。そんな空気のなか、私の言う「冷戦」は確かに奇異なもの、あるいはアナクロニズム的な発言に映ったかもしれません。

20世紀の冷戦の主役は言うまでもなくアメリカとソ連でした。21世紀の新しいタイプの冷戦はアメリカと中国の間で行われる経済戦争であり、これによって世界が再び二分化されると私は予想したのです。

アメリカのさる著名な投資家も、この貿易戦争を冷戦と見て、「長期化する」と警告を発しています。今、日本は新たな冷戦に対する戦略を考えなければいけない重要な時期にきているのです。

貿易戦争を仕掛けたのは米国ではなく中国

貿易戦争がトランプ大統領の追加関税で始まったというのは一般的な理解になっています

が、私はまったく違うと考えています。貿易戦争を仕掛けたのは米国ではなく中国であり、ずっと前から始まっていたのです。２０１９年の7月時点で時価総額が大きいトップ5の米国企業はマイクロソフト（Microsoft Corporation）、アップル（Apple Inc.）、アマゾン（Amazon.com, Inc.）、アルファベット（Alphabet Inc.＝グーグル《Google LLC》の持株会社）とフェイスブック（Facebook, Inc.）です。アップルを除けばひとつもメーカー企業がありません。アップルもハードとソフトを持ち合わせている企業なので伝統的な製造業ではありません。米国経済は80年代以降大きな変化を遂げてきました。かつて世界の製造業の中心だった米国では現在、製造業はＧＤＰの10％程度まで後退しています。その代わりコンピューター革命の恩恵をフルに受けた世界のソフトウェア、コンテンツ企業が米国に集中しているのです。

一方で中国はこれらの主要米国企業には最初から大きな規制をかけてきました。グーグルやフェイスブックのようなインターネット企業をブロックし、情報統制を行っています。たとえばネットでは「天安門事件」やそれを意味する隠語の「6・4」（天安門事件が起こったのは１９８９年6月4日）で検索することもできません。台湾や香港での政治的な出来事も中国国内では知ることができない状況にあります。

中国は、グーグル、フェイスブック、ツイッター（Twitter, Inc.）、ネットフリックス（Netflix）といったアメリカ企業をブロックして市場から締め出しておきながら、アリババ（阿里巴巴集団・Alibaba Group Holding Limited）とかテンセント（騰訊控股有限公司・Tencent）、バイドゥ（百度公司・Baidu, Inc.）といったアメリカのネット企業の中国版をつくって米国の証券取引所に上場までさせているのですから、どう考えてもこれは不公平と言わざるをえません。マスコミは、トランプがファーウェイ（華為技術有限公司・Huawei Technologies Co., Ltd.）をブロックしたことで、さもアメリカが中国にケンカを売ったかのような書きっぷりですが、私から見れば、この措置は遅いぐらいです。つまり、貿易戦争を仕掛けてきたのはアメリカではなく実は中国の方で、アメリカはここへきてようやく反撃の姿勢を見せたに過ぎないのです。

中華皇帝となった習近平

中国人とアメリカ人を比較して考え方が一番異なるところを挙げるとすれば、それは「時間」のとらえ方です。中国人はよく「中国4000年」とか「5000年」とか、歴史の長さを誇りたがります。むろん、その4000年なり5000年の間にいくつもの王朝の交代があり、「中国」という一貫した国が存在したわけではありませんが、とにかく彼らからすれば、５０００年の中華文明が続いているということになります。実際は、たとえば元はモンゴル人が建てた王朝ですし、清は女真族の征服王朝ですが、元も清も中国人の歴史観では、漢化され中華に組み込まれてしまいます。これが中華５０００年という考え方です。

そういう長い歴史を持っていますから、彼らは決して短期的なものの見方はしません。50年先、１００年先の長期の目標を立てて行動します。たとえば習近平は、中華人民共和国建国１００周年の２０４９年までに台湾を併合し、中華帝国を復興させることを狙っています。つまり30年先を目標として、虎視眈々と台湾を狙って今から準備しているのです。トランプには任期がありますが、習近平は法律を変えて自らを永世国家主席にしてしまいました。まさしく中華の皇帝です。皇帝に任期も再選されるかどうかの心配もありません。30年経っても彼は生きている限り皇帝です。是が非でも自分が国家主席の間に台湾の併合を成し遂げたいという野心に燃えていることでしょう。もっとも今年（２０１９年）66歳の習近平ですから、30年後には寿命が尽きている可能性が高いのですが、それでもかまわないと習も思っています。彼のあとを継ぐ人物もそんなに大きな政策転換はしないでしょうから、共産党が続く限りは2代、3代かけて目標を達成すればいいという考え方ができるのです。時間軸を味方に考えるのが、中国のエスタブリッシュメント（体制）です。

だから、習近平は決して焦ってはいません。トランプ政権は中国に対して強硬な態度を見せていますが、トランプがあと一期大統領を務めても5年。その間は大人しくして直接対決を避け、時間を稼ぎながらちゃくちゃくと富国強兵を進めていく。一帯一路でアジア、アフリカに中国の衛星国を増やしていき、経済的にも体力をつけていこう。そういう計画を立てていると思います。そのためにも、ソフト・パワーの開発が不可欠です。ですから中国は新しい時代の最先端の技術の開発に余念がありません。

この一帯一路に関してもかなり長期的なプロジェクトであり、決して焦ってはいないはずです。短期で回収するのではなく、果実は時間をかけ大きく育ててからいただくのが中華スタイルなのです。

習近平とドナルド・トランプの共通点

習近平もドナルド・トランプもキャラクターとしては似たところがあります。習近平は「中華民族の復権」、トランプは「アメリカ・ファースト」。どちらも自国第一主義で、自国を再びグレートにしたいというアンビション（大望）が非常に強いリーダーです。ただ違うのは、その方向性でしょう。トランプは国境に高い壁を造り、「アメリカはアメリカでやっていく。

もう俺たちは世界の警察官も辞めるから、日本も韓国も安保に関してはできる限り自分たちでやってくれ。さもなければ、それ相当の用心棒代を請求するぞ」という論法です。直近ではシリアからも米軍を撤収させ、トルコ軍によるクルド勢力掃討《そうとう》作戦を許したことが内外から批判されました。また、2019年9月の国連サミットで「未来は愛国主義者のものであり、グローバリストのものではない」と発言しています。この観点から見るとトランプは自国一国主義。悪く言えば、内向きのリーダーです。片や習近平は、外に向けてどんどん中国を拡大しようとしている、言うならば遅れてきた帝国主義のリーダーです。

似ているぶん、お互いよくわかる部分はあるし衝突もしやすい。軍事的なアクシデントが起きないとも限りません。現時点で可能性の高いのは南シナ海、あるいは台湾海峡でしょうか。むろん、尖閣諸島周辺も日々緊張が増しています。常にこの地域には警戒の目を持って見守ることが大切でしょう。

ふたりの共通点をもうひとつ挙げるなら、成り上がり者だということです。

習近平の父親の習仲勲は毛沢東の信任が厚い共産党幹部でしたが、文革の時に失脚、投獄されています。習家の自宅が毛沢東指示の若い学生に攻撃され、妹がその際に殺されてしまうという悲劇にも見舞われました。彼自身は下放（再教育のために農村に送られること）され、山奥の洞窟のなかで影を潜めるような生活も体験しています。毛沢東の死後、父親は共産党に復帰。彼も父のコネクションを使って北京に戻り共産党に入党したのですが、これも入党申請を9回却下され10回目でようやく許されました。共産党エリートの登竜門である清華大学に入学したものの、福建省という中国ではあまり産業のない片田舎で政治家としてのスタートを切り、努力の末、福建省長に上りつめ、その後、貿易経済の中心である上海の党委書記の要職につき、中央（北京）行きの切符を手にしたのです。

だから習近平という男は、よく太子党（革命第一世代の党幹部の子弟）出身だと言われますけれども、決して七光りの恩恵を受けていたわけではなく、どん底の状況をタフに生き延び、出世の階段を手探りで一歩一歩登って天下を取った男、悪い言葉で言えば、さきほど言った「成り上がり者」、よく言えば「叩き上げ」です。

その彼の人生訓というのは、「決して目立つな」。目立つとやられてしまいますから。彼の父親がまさにそれでした。彼の父は共産党のリベラル派で中国の貧困からの脱出は経済的な改革なしにはできないと主張していました。極めて優秀な人材でした。しかし才気があるばかりに権力闘争に巻き込まれ粛清されてしまったのです。習近平自身は、父の失敗を教訓に目立たないように目立たないように、大人しく静かに地味にやりながら、ひたすら時を待って今の地位を築き上げてきたと言えます。そして、トップの座についたとたん、権力を一点集中させ、中華皇帝となりました。いわば、謀略型のリーダーです。

トップに立ったとき最初に何をやったかと言うと、反汚職キャンペーンでした。汚職、賄賂は中国社会の宿痾《しゅくあ》です。その汚職を徹底的に浄化させると言って、結果的に将来の政敵になりそうな者を全員失脚させました。なるほどの謀略家です。習近平政権のアキレス腱とも言われた瀋陽軍区《しんようぐん》を再編制して入れ替え、どうにか軍の掌握も完了したかのように見えます。オーガナイゼーション・スキル（組織能力）に関してはかなり優れたものを持っていると言えるでしょう。しかし反面、国際情勢を読む目に関しては若干、疑問符がつくというのが正直なところです。彼は若いころ、米国の農業を研究するため渡米して米国人の家にホームステイまでしていますが、そのことによってどれだけ米国を理解する力が蓄えられたかはわかりません。

一方、トランプは目立つことが好き。あれだけ既存メディアをこきおろすくせに、かつて不動産王と呼ばれていた時代は司会を務めるテレビ番組を持っていたほどです。彼はプロレス団体ＷＷＥの主催者ビンス・マクマホンと親交があり、番組の中の彼の決めゼリフ「You're Fired!（お前はクビだ！）」はビンスのアイディアのいただきだそうです。そのつながりで、プロレスの試合にまで乱入するなどの露出好きでした。トランプの、あの悪態をつくような喋り方は、プロレスのヒール（悪玉）のマイクパフォーマンスを参考にしているという説もあります。また、トランプ大統領はたびたびハリウッド映画にもカメオ出演しています。

トランプの派手好きはトランプ・タワーに象徴されるギンギラな成金趣味からも伺うことができるでしょう。ただ、目立つ発言はわざと宣伝の意味でやっているようなところもあるような気がします。彼は、習近平とはまったく逆で、目立って、目立って、派手にふるまってのし上がっていった男。中国流とアメリカ流の違いでもあるかもしれません。やはり、アメリカ人はわかりやすいキャラクターを好むのです。

トランプもお坊ちゃま育ちのように見えますが、決して、ただのボンボンではありません。不動産業も彼の父親の代ではさほど大きくはありませんでした。不動産王と呼ばれるようになったのは、息子であるドナルドの功績です。しかも、現在の地位を築くまでに何度か破産を経験しています。習近平ほどではないけれども、彼も人生の辛酸というものを舐めているのです。そういった負の部分が陰に出たのが習近平で、陽に出たのがトランプということなのでしょう。

米中は戦争を回避できるのか？

冷戦（cold war）とは直接軍事力を行使しないにらみ合いの状態を言いますが、それだけになかなか終わりが見えません。東西冷戦は１９４６年から１９８９年（正式的にはソ連が無くなった１９９１年とする見方もあります）、開始から終結まで43年間を要しました。米中新冷戦はそこまで長期化するかどうかわかりませんが、それなりのスパンを覚悟しなければならないでしょう。

そもそも「冷戦」という言葉には、ある意味、希望的観測が含まれています。ホットな戦争にならずに済むという希望的な観測です。だから、「冷戦」は本来、悪い言葉ではありません。むしろいい言葉だと思います。冷たい戦争で終われば、それはいい言葉なのですが、なにかの拍子で、熱い戦争、つまり物理的な軍事衝突に発展する危険性を十分に孕《はら》んでいるのです。

「トゥキディデスの罠」とは？

アメリカの政治学者でハーバード大学ケネディ行政大学院の初代院長だったグレアム・アリソンという人が提唱した「トゥキディデスの罠」という概念があります。トゥキディデスは、紀元前５００年頃のギリシアに生きたアテナの歴史家ですが、彼の仕事で一番有名なものは、アテナとスパルタの戦争について記した『ペロポネソス戦史』（単に『戦史』と呼ぶこともある）

です。

この戦争はどういうものかと言えば、強大な陸上軍を持ち、すでに覇権国家として君臨していたスパルタと海洋貿易で栄えた新興国・アテナの衝突から起こった戦争です。スパルタもアテナもそれぞれ発展しており、しばらくは両者の関係は良好で平和を保っていました。その間、ギリシア文明はもっとも栄えたのです。しかし一旦戦火を交え、長期にわたる戦争に突入していくにつれ栄華を誇ったギリシア文明も衰退へと向かい、やがて歴史の地平線の向こうへ消えていきました。

このように覇権国家と台頭してきた新興国家はやがてぶつかり合い戦争を起こす。これを歴史の罠として、アリソンは「トゥキディデスの罠」という言葉で解説したのでした。

ハーバード大学ではアリソンの「トゥキディデスの罠」をもとに、人類の戦争史を見ていこうという研究がなされています。たとえば、過去５００年間において、人類はこういった国家間の覇権争いを16回経験し、そのうち12回は大きな戦争になっていると言うのです。戦争を避けられたのは4回しかなかったのです。

戦争にならなかったケースを挙げるなら――、古くは、ポルトガルとスペインの16世紀における覇権争い。あとはアメリカとイギリスの19世紀における覇権争い。これらはかろうじて戦争にはなっていません。それと、先にも記したとおり、20世紀のアメリカとソ連もまた冷戦で終わりました。これらはむしろ珍しいケースといえます。アリソンは冷戦終結後のEU内におけるドイツと英国の覇権争いも戦争にならなかったものにカウントしています。

残りのケースはすべて戦争に発展しているのです。第一次世界大戦はドイツとイギリスの覇権争いから始まっています。時代をさかのぼってナポレオン時代には、フランスという陸上国家とイギリスという海洋国家の衝突がありました。もっと昔に目を転じれば、オーストリアとトルコ――すなわち、ハプスブルク家とオスマントルコ帝国がぶつかり、２００年にわたる戦争の泥沼にはまり込んでいます。日本も当事者です。覇権国であるロシア帝国と新興国家の大日本帝国が日本海と満州でぶつかったのが日露戦争でした。その日本は36年後、太平洋の覇権をかけてアメリカと戦ったのです。

米中冷戦を一番理解できるのは日本

私は現在のアメリカと中国の冷戦に関して、一番理解できるのは日本ではないかと思っています。なぜかと言えば、今の中国の立場は戦前の日本をとりまく状況に酷似しているからです。

たとえば、戦前の日本とアメリカのぶつかり合いがどうやって起きたかということを振り返ってみましょう。日本が明治維新を起こし、アジアの国々の中で真っ先に近代化への道を進んだのは、ひとえに西洋列強の植民地化を逃れるためです。結果、富国強兵という政策を打ち出し、日清戦争、日露戦争に勝利したあとは、非白人の新興国として一目置かれる存在となりました。対してアメリカは、19世紀の終わりにオープン・ドア・ポリシーを掲げてアジア、太平洋に入って来て、まずフィリピンを手中に入れました。日本はアジアの内側から、アメリカは外側から、ほぼ同時期に勢力を拡大していき、やがてそれはぶつかった。ぶつかる運命にあったと言ってもよかったのです。

もっとも、最初からいがみ合っていたかというとそうではなく、両者の関係は黒船来航という、なかば脅迫的な形の開港からスタートしましたが、それ以後はおおむねフレンドリーでした。日本の近代化にはアメリカも大きな貢献をしてくれました。そういう部分も実はアメリカと中国の関係に似ています。中国の近代化にアメリカは大きな貢献を果たしていますし、鄧小平以後は、中国を豊かな国にすることが民主化への道だということで、投資や技術支援を惜しみませんでした。

さらに言えば、戦前の日本と現在の中国は、主張が似ているのです。

まず富国強兵に関しては、実は習近平は同じことを言っています。つまり、「まず国をリッチにしなくてはいけない、同時に中国の利権を守るためには強い軍隊をつくりあげなくてはいけない」と。それから、2014年、習近平はもうひとつ重要なことを言っています。「アジアのことはアジア人に任せるべきだ」という意味のことです。これもまさに、「アジアのための共同体をつくる、西欧は干渉するな」と言って大東亜共栄圏を構築しようとした90年前の日本の姿と重なります。

アメリカも最初から日本と戦争をしようと思っていたのではなく、まずは経済的な締めつけから始めていきました。ABCD包囲網をつくり、次々と資源を禁輸し、最終的には原油を止めたのです。そこへいくまでに日本人のフラストレーションは溜まりに溜まり、爆発寸前でした。だから日米開戦ではむしろ、国民は快哉を挙げたのです。実は、今回アメリカは中国に対して同じ戦法を仕掛けています。大型関税がまずそうですが、これはまだほんの序の口。ファーウェイの世界規模の閉め出しはトランプの本気度の現れです。トランプ政権は米国の証券取引所に上場している中国株の上場廃止を検討しているとも伝えられていて、おそらくこれからはファーウェイだけではなく、ほかの中国企業も欧米では仕事がしづらくなります。これは間違いないと思います。

日本とアメリカもいきなり戦争を始めたわけではありません。アメリカの経済的締めつけのなか、日本はドイツと同盟を組んだり、あるいはイタリアと同盟を組んだり、また、さまざまな外交チャンネルを通して対米戦争回避を模索していました。それでも、戦争を避けることはできませんでした。

だから私は、アメリカと中国も今すぐ戦争を始めることはありませんが、将来的に何らかの形で戦争に至る可能性は捨てきれない、いや実はその可能性はけっこう高いのではないかと見ています。

まさか、そんなことありえないのではないかと思われる読者がほとんどではないでしょうか？　しかし、人類の歴史という長い物差しで見るならば、戦後、世界規模の戦争がなく、これだけ長く平和が続いていることの方がアノマリー（例外）なのです。もちろん米中戦争は最悪の予想で、必ずしも戦争が起こるというわけではありませんが、やはり今こそ、それなりの覚悟と戦争を起こさないための努力は必要だと思います。

では仮に、米中が戦争に突入したとき、ふたつの力の間で日本はどのような立ち位置に置かれるのでしょうか？

グレアム・アリソン氏は、中国がすでにアメリカの空母を想定したミサイルシステムを全海岸沿いに配備済みだと指摘しています。これの射程は1000マイル（約1600キロメートル）で、軽く日本列島を飛び越えます。ということはアメリカの空母もおいそれとは近づけません。1996年、台湾総統選挙妨害を目論んで中国が威嚇のために台湾海峡にミサイルを撃ち込んだ、いわゆる第三次台湾海峡危機では時のクリントン政権がすぐにミニッツ、インデペンデンスからなる空母艦隊を派遣しています。アメリカの圧倒的な海軍力の前に中国はなすすべもなく、それ以上のちょっかいを出すことはできませんでした。当時はまだ中国側に空母想定のミサイルが配備されていなかったからそれもできたわけです。今でもアメリカと中国の海軍力には圧倒的な差はありますが、ミサイルというのは命中すれば一発で相手側に大打撃を与えることができる強力な兵器なのです。

米中戦争で日本は巨像に踏まれる芝生になる

となれば、米中開戦の暁には、いずれ日本が戦場になる可能性もあるということです。かつては東アジアの戦場は常に朝鮮半島でした。だからアメリカも韓国を防衛ラインとして重要視し、今もなお2万3000人の米軍を駐留させているのです。しかしミサイル時代における朝鮮半島の戦略的バリューの低下、親北の文在寅政権の誕生、さらに軍事転用物資の不正輸出、GSOMIAの破棄などがあり、米韓の密接な同盟関係は今後も続くのかという疑問が生まれてきています。そのためいずれフロントラインは日本海へと下がり、さらに日本本土もそのラインの内側に入って来るという最悪のシナリオも真剣に検討しないといけないのかもしれません。

もっと言えば日本はこの戦争に巻き込まれないために何をするべきかという策を今から真剣に考えないといけないのは間違いありません。

アメリカ、中国、どちらかのサイドに著しく偏っている場合は、間違いなく日本が戦場になるでしょう。むろん、日本が中国側につくということは現時点ではまったく考えられないことですが、アメリカべったりだとこれもまずい。中国側につかない。アメリカにも過度に依存しない。そのために日本はたとえば、インドなどと団結して第三軸を形成すべきだと私は主張してきました。

当然ながら、アメリカは強く反発するでしょう。中国はいわずもがなです。しかし米中の間に挟まれないためには、その道しかないのです。

「ゾウ同士がけんかすると芝生がつぶれる」というアフリカのことわざがあります。日清戦争では、日本というゾウと清国というゾウがぶつかった芝生は朝鮮半島でした。運命は残酷で、その朝鮮半島は朝鮮戦争で再びアメリカと中国、2頭の巨像に踏みつぶされる芝生となりました。日本は、米中の巨像に踏まれる芝生ではなく、3匹目のゾウにならなくてはいけないのです。

それは逆に言えば、日本にとっては、とりわけ経済方面での千載一遇のチャンスになる可能性もあります。しかしそのためには、日本が戦後70年続けていた考え方を根本から捨てる覚悟が必要です。これからは、日本独自の考え方を模索していく必要があるのです。

実はソ連はアメリカにとってさしたる脅威ではなかった

しかし、アメリカもすぐに事を構える余裕はありません。中国よりも先にイランを攻撃するかもしれません。そのためにも今は中国とは貿易戦争のレベルにとどめておきたいというのが本音でしょう。あるときは緊張を高め、あるときは緩め、駆け引きをしながら、じりじりと包囲網をつくっていき、中国の経済的ドミナンス（支配）を削いでいく。そういう戦略を立てているはずです。

先にも触れましたが、米ソ冷戦は40年以上続きました。冷戦というのは、それだけ長いスパンを念頭に入れてかからなくてはいけないのです。過去、16回に及ぶ覇権争いのなかで、結果的にどうしてソ連とアメリカがうまく直接戦争を回避できたのか？　これは極めて研究価値の高い問題だと思います。

事実、危機一髪という場面も少なからずあったのです。たとえば、1962年のキューバ危機です。アメリカは、ソ連がキューバにアメリカを射程に含む中距離ミサイル基地を建設しようとしているのを偵察機によって察知し、キューバを海上封鎖しました。その結果、米ソ関係は一触即発の状況になったのです。実際、この時はアメリカ国内では強硬論が主流で、米大統領ジョン・F・ケネディは核搭載の弾道ミサイルの準備まで命令していたと言われます。最終的にソ連が核ミサイルをキューバから撤去したことで、この危機は回避されたのですが、一時は世界核戦争勃発とさえ言われ、国際社会は一気に緊張感に包まれたのでした。

現在の目から見て、米ソがともに核保有国だったからこそ両国の直接衝突が回避されたという見解があります。確かに冷戦の真っただ中、核を持った東西両陣営の親分同士がぶつかれば第三次世界大戦に発展しかねず、それは核戦争を意味します。世界中に核の雨が降れば、人類の大半は死滅し、地球は生物の棲めない惑星になってしまうでしょう。優秀な頭脳と論理的思考を持ち、世界を二分して支配する両陣営のボスが、それくらいのことを理解していないわけがありません。ですからこの見解は軍事衝突は半ば最初から避けられるシナリオだったという主張です。核兵器を抑止するには核兵器しかなく、核兵器は使わないことにこそ意味があるというとする逆説的な真理はここにあります。

私もこの論に異を唱えるものではありませんが、しかし、そのこととは別に、キューバ危機を含む米ソ衝突の危機が回避された大きな理由のひとつとして、私はアメリカにとってソ連は言われているほどの脅威ではなかったのでは、という見方を持っています。

アメリカは「脅威」で西側をまとめあげた

確かに当時のソ連邦には軍事的な意味での脅威はありました。しかしながら、経済的にはとりわけ1970年代以降は、アメリカにとっては大きな脅威ではありませんでした。1950年から70年までは、ソ連はGDP7％という勢いで成長していましたが、その後は停滞しました。結局はオープンソサエティー（開かれた社会）である自由主義経済と、いわゆる国家に統制されたクローズドソサエティー（閉ざされた社会）の共産主義経済の発展は大きく明暗を分けたのです。

その意味で考えると、アメリカにとってソ連は、少なくとも経済的な意味では自分の覇権を揺るがすような相手ではなかったということになります。

こんなエピソードがあります。1972年のミュンヘン・オリンピックに参加したソビエトの選手が、選手村の設備はむろん、支給される飲み物の器まで自国で見るものよりはるかにクオリティーが高く、自国が西側に比べいかに遅れているかを痛感して帰国したという話です。私もこれをロシア人の友人からじかに聞いています。いくら情報統制しても、こういうナマの情報は少しずつ本国に入ってきて浸透していくものです。

軍事と経済は国家の両輪です。軍事強国になるためにはそれを支える経済が強大でなければなりません。ソ連は軍事大国ではありましたが経済大国ではありませんでした。結果的にソ連はアメリカとの軍拡競争に敗れ崩壊したのです。アメリカもある程度それを見越して、基幹である軍事産業を育てながら安心して軍拡を進めていったとも言えます。むろんソ連の核兵器は要注意だったのですが、米ソ冷戦はどちらかというとアメリカにとっては、ソ連や共産主義の脅威を口実として、西側をひとつにまとめあげるというメリットのほうが大きかったのではないでしょうか。

中国の人口は武器である

アメリカからすれば東西冷戦時代のソ連よりも現在の中国の方がずっと脅威であるのは確かでしょう。なぜならば、中国は現在、ＧＤＰ（国内総生産）世界第2位の経済大国です。

遠からぬ将来、経済的にアメリカを追い抜く可能性も十分に持っています。そこが旧ソ連との大きな違いです。

なんと言っても人口が違います。アメリカ合衆国の人口が約3・3億人。中国の人口は公称14億人で、4倍です。中国にはそのほかに戸籍のない黒孩子（ヘイハイズ）と呼ばれる人たちが3000万人以上いると言われています。中国の人口統計ははなはだいい加減で、実際の人口は15億人を超えるとも予想され、正確な数字はおそらく中共政府も把握していないのではないでしょうか。この膨大な人口は中国にとっては足かせでもありますが、活用次第では武器にもなりえます。

大学の卒業生の総数を見ると、アメリカが毎年200万人、中国は800万人で、これも4倍強です。さらに言えば、現在、アメリカに中国人留学生が36万人程度います。日本に来ている留学生には、学籍だけおいてバイトに精を出している人たちも少なくありませんが、アメリカの大学に通う中国人留学生の多くは理系エリートとその候補生として送り込まれています。彼らの中から多くのエンジニアが育っていますし、特にITやAI関係の人材は非常に豊富です。シリコンバレーでは中国人とインド人の技術者が多すぎて、ICチップ(Integrated Circuit)はIndia-China（インド・中国）の頭文字だと冗談にされるくらいです。中国のテクノロジー技術は日本やアメリカのパクリだと言われますが、パクリだけではファーウェイのような怪物企業が育つわけがありません。パクリを活かして新しいものを生み出すテクノクラート（技術官僚）がいればこそできるわざなのです。

中国の歴史観では西欧覇権はアクシデント

中国政府、と言うよりも中国人総体の考え方なのですが、今、彼らは、昔欧米に自分たちがやられたことを返しているのだと思っています。いわば意趣返しです。

15世紀までは世界の総生産の半分は中国とインドでした。やがて産業革命が起こり、ヨーロッパが生産率を驚異的に伸ばし、19世紀を待たずに世界の生産の中心はヨーロッパとなりました。その結果、イギリスという北方の、あまり農作物も採れないような島国が強大な海軍力を持つ帝国となり、世界を支配するようになっていったのです。

中国からすれば、産業革命以後の西欧諸国の台頭こそが、歴史のひずみであり、アクシデントでありアノマリーなのです。ですから歴史を本来あるべき姿にすべきだというのが彼らの主張なのです。これはある意味で正しい。要するにアメリカといった特定の国の話ではなく、産業革命以降にできた、いわゆる西欧人主権による世界体制、もっと端的に言えば、欧州天下分け目のトラファルガー海戦（1805年）で、英海軍が仏海軍を打ち破り打ち立てたアングロサクソン支配を覆そうということなのです。

そういう意味からすれば中国の対米観というか、対世界観は、旧ソ連のそれとはまったく異なります。だから米ソの直接衝突は回避できたけれども、アメリカと中国の直接衝突ははたして回避できるかと言うと、可能と言い切ることは私にはとてもできません。

米ソ開戦が回避できたもうひとつの理由は、両国の間にいくつものバックチャンネルがあり、核軍拡競争のさなかでもそれがしっかりと機能していたということがあります。たとえば、軍拡があるリミットを超えると世界の眼が厳しくなり、首脳会談の機運が出てくる。つまり、ちょっとやり過ぎだなと思ったら、バックチャンネルを通して、「少しお休みしましょう」ということができた。いわゆるプロレスができたということです。しかし今のアメリカと中国の間にどれだけ有力なバックチャンネルがあるかは疑問と言わざるをえません。一方で救いといえばアメリカと中国は地理的に離れていることです。距離的に離れていれば、それだけで衝突の可能性は低くなります。

中国共産党の正当性

中国人はとてもメンツを大切にします。これも文化の特徴と言えます。個人はもちろんそうですし、国家も同じです。誇り高い民族です。

在韓米軍がＴＨＡＡＤ（地上配備型ミサイル迎撃システム）の配備をするかどうかをめぐり、韓国は配備を迫るアメリカと配備中止を言明する中国との板挟み状態に長くありました。結局、なし崩し的に配備を決めると、当然のごとく中国の逆鱗《げきりん》に触れることになりました。配備された土地がロッテ財閥の経営するゴルフ場だったことから、まず報復として中国国内のロッテ・マート4店を消防法違反という名目で営業停止に追い込み、さらには韓国製食料品全般にわたって〝衛生上の問題〟で輸入制限をかけると脅しをかけました。そのうえで共産党傘下の海外向け新聞・環球時報の社説を通じて「韓国は、わが国の経済発展において、あってもなくてもどうでもいい国」（２０１7年3月1日付）とまで吐き捨てました。

なぜ、ここまで中国が執拗に韓国への怒りを露わにしたのか？　ＴＨＡＡＤのレーダーシステムによって中国本土のミサイル基地が丸裸にされるという、防衛上のリアルな問題も大きいのですが、「今も属国と見下している韓国に裏切られた、宗主国としてのメンツを丸つぶれにされた」という思いが彼らの怒りを増幅させたのです。

さて、中国政府、もしくは中国共産党において、絶対死守しなければいけないメンツとは何かと言えば、それは政府および党の正当性です。正統性と言ってもいいかもしれません。先にも少し触れましたが、中国では王朝の交代が幾度も起こっています。近世から近代にかけては、明、清、中華民国（国民党政府）という王朝交代があり、その国民党を追い出して中国大陸に〝統一王朝〟として打ち建てたのが中華人民共和国です。要は、その中華人民共和国、すなわち中国共産党が果たして中国大陸を支配するに足りる正当性があるかどうかということです。人民がこれにＮＯを突きつけたとき、王朝の足元は揺らぎます。明も清も中華民国もそうして倒れました。

ではその正当性の担保は何かと言えば、共産党は中国を発展させてきたという「実績」です。もちろん、改革開放政策以後、貧富の差や不平等が顕在化しましたが、経済が2桁台で発展し続けたのは事実です。総じて人民の暮らしは向上してきました、その実績が共産党の正当性となっています。

しかしこの実績が崩れたとき、つまり成長が止まったとき、共産党は正当性を失います。言うまでもなく中国は独裁政権で、これまで幾度となく強権で人民を押さえつけてきました。

反面、党政府は、あらゆる面で世論に関して敏感です。ある意味、民主主義国家よりも敏感なところがあるかもしれません。なぜなら、中国の歴史は反乱の歴史であるからです。王朝末期に民衆による反乱が起き、カオスの中から新しい王朝が建つ、それを繰り返してきました。古来中国では、皇帝の徳が無くなったのでその王朝が滅び、新しい王朝が徳を継ぐと言われています。その徳を現代語に置き換えると、先ほどの（政権の）正当性ということになります。つまり、共産党政権に「正当性」が無くなったと人民が判断したとき、大規模な反乱が起き（実はその兆候はすでに起こっているのですが）、やがて政権——政体といったほうがいいかもしれません——は崩壊への道へと進むのです。

国家主義と民族主義

私は、これからは恐らく中国共産党は政権運営に関して苦しい状況を強いられるのではないかと考えています。経済成長率は確実に下降しています。これは、アメリカの貿易戦争以前の話です。今のところ中国経済は一度頂点に達しています。一度頂点に達したものは、あとは落ちるしかありません。簡単な理屈です。もちろん、貿易戦争により、この傾向はどんどん加速するでしょう。

現在、中国総負債（公的債務、企業と個人の債務）対GDPの比率は300％を超えています。これは全世界の借金の15％に相当します。中国企業だけで見ますと対GDPでの負債比率は約160％で、危険水準と言えます。中国の大型企業は実質的に国営企業と見ていいのですが、いわゆる巨大国営企業というのは、企業としては非常に非効率なのです。日本のバブル時代のように、不必要に大きな箱物を各地に造ったりしています。そういったもののしっぺ返しは必ず来ますので、そのとき共産党はいかに自分たちの正当性を維持できるかの岐路に立たされることでしょう。

習近平が就任直後、「中華民族の復権」をスローガンに党大会などで中国漢民族主義的なアジェンダをたびたび掲げるのも、中国国内の求心力を高め、党の延命をはかるためです。民族としての一体感を演出することで、人民が国家体制に抱く不満を抑えてしまおうという意図があるのです。

ナショナリズム（nationalism）という言葉を辞書で引くと、「国家主義」と「民族主義」というおよそふたつの定義が書かれています。国家と民族の間に葛藤のない日本人には、なかなかピンとこないかもしれませんが、このふたつは本来、別の概念です。

アメリカ合衆国のような多民族国家にとってのナショナリズムは国家主義です。アメリカ民族という定義にあてはまるのは、ネイティヴ・アメリカン、つまりインディアンだけですから。アメリカ国籍を持つアングロサクソンもアフリカ系もイタリア系もヒスパニックもアジア系も、むろんネイティヴもひとつの「アメリカ人」としてまとめあげるには、強い国家という概念が必要となります。それは、世界最強の軍事力を持つ経済大国であり、西部劇的ヒーロー像としての「世界の警察官」であり、象徴としてのスター&ストライプ（星条旗）です。アメリカ人はよくも悪くもjustice（正義）という言葉を大変好む人たちです。ベトナム戦争も湾岸戦争もイラク戦争も、アメリカ政府からすれば「正義の戦争」ということになります。このjusticeこそが、多民族国家アメリカをまとめあげるための国家主義的イデオロギーなのかもしれません。

中国もまた、50余の少数民族を抱える多民族国家です。「中国人」という概念ははなはだ漠としたものですが、その13億人の「中国人」のなかのエスタブリッシュメントにあたるのが漢民族なのです。多民族国家である中国を国家としてまとめあげるには、強烈なイデオロギーが必要となってきます。それを担っていたのがマルクス主義であり、毛沢東主義でした。しかし、それも「竹のカーテン」の内側に閉じこもっていた時代までの話です。竹のカーテンとはアジアにおける共産主義圏と反共主義圏の境界線です。チャーチルの「鉄のカーテン」に対して、米国のトーマス・トラプネルが言った言葉です。

「中華民族」という理想

改革開放以後、西側からの情報の流入もあり、一党独裁によるイデオロギー支配にもさまざまな意味で無理が生じてきました。そこで体制維持のために方便として持ち出されたのが「中華民族」なる理想です。ここでいう「中華民族」とは、漢民族を中心として満州族、朝鮮族、そのほか少数民族を合わせた13億の民によって構成される、いわゆる「中国人」を意味します。要するにこれまでの国家主義から民族主義へのシフトです。習近平以前から規定路線だったようで、今思えば2008年の北京オリンピックの開会式で少数民族のコスプレをした56人の子どもたちに中華人民共和国の国旗である五星紅旗《ごせいこうき》を持って行進させたのは、その対外アピール的な意味合いがあったのです。

あのデモンストレーションを見て、中国は多文化共生の国だなどと思う人はよほどのお人よしです。要は、少数民族の「中国人」化に過ぎません。もうすでに、チベットやウイグル自治区では「民族浄化」による「中国人」化が進んでいます。チベット人やウイグル人の女性は漢民族の農民と強制的に結婚させられ、男性はささいなことで逮捕され、刑罰として断種されたりしているのです。こうやって時間をかけて、チベット人やウイグル人の血を薄め「中国人」にしていくのです。このまま「民族浄化」が進めば、50年を待たずして純血のチベット人はいなくなってしまうとまで言われています。

少数民族だけではありません。中国政府が台湾の独立派に対して敵意にも近い警戒心を持っているのは、彼らの中に「台湾人」意識が芽生え、脱「中国人」化へ向かうことへの恐れの現れでもあります。昨今の香港で頻発し、長期化している大規模デモは、香港の華人に「香港人」意識を芽生えさせる結果となってしまいました。実は30歳以下の香港人で自分を中国人と定義する人はほとんどいないという調査結果まで出ています。この人たちは中国が嫌いというわけではなく共産党が嫌いなだけです。中国政府にとっては悩ましいことでしょう。台湾、そして香港が独立志向を鮮明にしていけば、当然、チベットやウイグルの独立運動にも火をつけかねません。中国は今後、陰に日向に香港への干渉と圧力を強めていくことでしょう。こちらにも要注意です。

日本人は日本のバリュー（価値）を知らない

幸いなことに現在、日米の関係は非常に良好です。日米というより、安倍晋三首相とトランプ大統領の関係が良好といったほうがいいかもしれません。

前任のバラク・オバマ大統領が就任した当初、彼は安倍政権に対して実に冷淡でした。日本のマスコミは、それに関してはまるで鬼の首を取ったかのように、「アメリカの新大統領に相手にされない安倍首相」「アメリカによる日本の重要度、下落」とはしゃいで見せました。今度はその安倍首相がトランプ大統領と仲良くゴルフをし、一緒に炉端焼きを楽しむと、「まるでトランプの従者のようだ」「アメポチ」と腐すのです。自国の首相がアメリカの大統領に冷たくされても腐し、仲良くしても腐すのですから、日本のマスコミはひねくれているとしか言いようがありません。

アメリカ大統領と仲良くすることが悪いことであるわけがありません。特にトランプのような人はジャイアン気質です。ジャイアンは敵に回さず友達になったほうがいいに決まっています。ある意味、安倍首相はジャイアンを手なずけた唯一の首脳なのかもしれません。トランプのような人は、突然何を言いだすかわからないタイプです。日米首脳の関係がオバマ政権初期のような意思の疎通に欠ける状況でしたら、それこそいきなり日本製品の関税を引き上げるとか言い出しかねないと思います。

そもそも大統領就任前までトランプは日本に対してそれほど好感情を持っていなかった

はずです。それは彼の著書『The Art of the Deal』（交渉の美学）』（邦題『トランプ自伝』）を読んでもわかります。日本人はまっとうな交渉がしづらい相手などと、日本の悪口がたくさん書かれています。

そんななかで、一対一で会って一緒にゴルフをしたりして、お互いの信頼関係を構築していく。これは重要なことですし、戦略としても正しいと思います。

トランプという名前でシャレを言うのではありませんが、トランプ大統領はイチかバチかの丁半博打の人のように見えて、実際は対面のポーカー・ゲームを好む人です。相手の顔を見ながら一枚一枚カードを見せてのディール（取引）が好きなのです。習近平とデザートのチョコレートケーキを食べながらさらりと「あ、そうそう、今シリアにミサイルぶちこんだところなんだ」と大胆に言ってのける。その瞬間、習近平の目が点になったと言います。あれはまさにトランプの手のなかにあったロイヤルフラッシュのカードでした。金正恩とも直接会って話す。ショーアップとして38度線を歩いて渡るというパフォーマンスまで用意していました。

彼のそういった性格を知ってか知らずか、大統領当選後すぐにトランプにニューヨークにまでわざわざ会いに行き、意気投合した安倍首相はなかなかの外交センスの持ち主だと思います。

トランプ訪日時のホワイトハウスが出した大統領動向動画も、まるで日本の観光PR動画のようでした。トランプ政権は日本を大事に考えていますよ、というアピールでした。

もちろんそこには、対中政策にとって、という意味も含まれています。対立が深まった場合、「日本にアメリカ側について欲しい。もしも米中戦争が起こった場合、日本が戦場になる可能性も将来的に捨てきれない、そのときにはアメリカは日本を守る。だが、まず日本自身が立ち上がって自国の本土を守る覚悟を持ってほしい」ということなのです。日本人が自ら血を流す覚悟がなければ、われわれも他国（日本）のために血は流せない、と言い換えてもいいでしょう。

逆に言えば、日本にはそれだけのバリューがあるということでもあります。そのバリューに日本人がまだまだ気がついていません。両首脳のゴルフを「アメポチ」などと揶揄するマスコミを見ているとそう思わざるをえないのです。

今こそ平和ボケから目覚めるとき

それからやはり私が心配なのは、日本がいまだに平和ボケから完全に目覚めていないことです。辺野古の基地移設でさえ揉めに揉めているこの状況を中国はほくそ笑んで見ていることでしょう。

もし南シナ海、あるいは台湾海峡で米中の衝突があれば、中国はその隙を突いて手薄になった沖縄本島に人民解放軍を上陸させることも十分に可能です。そうなれば沖縄が中国の防衛ラインになります。これは最悪のシナリオとして、覚悟しておいたほうがいいでしょう。

もちろんアメリカも中国も、突発的な衝突から本格的な戦争へと拡大することは避けたいと思っているはずです。状況をエスカレートさせない。ヒートし過ぎた場合、一旦クールダウンさせるメカニズム、あるいはバックチャンネルが必要だと考えています。

私は、「そのバックチャンネルをつくれるのは日本かもしれない。アメリカとも中国とも歴史的につながりが深い日本こそ、その大任を果たせるのではないか」と考えています。何と言っても日本は中国にとってはアメリカに次ぐ第二の貿易国です。そういう意味で新冷戦時代になり日本の重要性というのは間違いなく増していくと確信しています。しかしそれには、日本自身が自国のバリューを自覚すること、軍事的なものを含め自立する覚悟を示すことが必要です。今、日本はその岐路に立たされているのです。

冷戦だからこそ必要とされる安倍内閣

私は以前から安倍内閣は冷戦内閣だと言ってきました。第2次安倍内閣の発足が新冷戦のスタートと同時期ですし、冷戦だからこそ、力を発揮する内閣だということです。

ただ、安倍首相もいろんなことをやろうとはしているのですれども、いかんせんペースが遅いという印象があります。北朝鮮が日本海にミサイルを撃ち込み、中国の軍船が尖閣諸島付近をうろうろしている現実があるのに、憲法改正の論議さえなかなか前に進まない。これに関しては、安倍首相ひとりの責任というより、日本のシステムに問題があると思います。一度つくられたものをなかなか変えることができない。その意味ではトップダウン型の政治体制ではありませんし、一部の人が言うような、安倍首相が独裁者であるとする評価はまったくの的外れだと言えます。急激な変化を望まないというのは日本人の国民性です。穏やかな気候のなかで歴史を紡いできた農耕民族であることがそうさせてきたのかもしれません。

こういった国民性や政治システムはむろんよい面もあります。今言ったように、独裁者が生まれにくいという点です。反面、考え方がどうしても内向きになってしまう傾向にあります。安倍首相の外交成果について国内では過小評価されているのは、そのためかもしれません。周辺諸国で起こっていることに多くの国民はあまり関心がないのです。あるいは、できるだけ波風を立てないようにと願う。そういう曖昧な態度がどれほど日本の国益を損なってきたか。外交にはときにはテーブルを叩いて主張することも必要なのです。

これは民主党政権下でしたが――2010年、尖閣諸島付近で海上保安庁の船が違法操業中の中国の漁船に体当たりをされ、海上保安庁がこの船の船長船員を公務執行妨害で逮捕した事件がありました。このとき、中国はレアアースの日本向け輸出を止めるぞと報復をちらつかせ、時の菅直人政権はこの脅しに屈して、全員を即時釈放し、押収した船まで中国側に返しています。あれには大いに失望させられたものです。

このときはメディアも「このまま対中貿易ができなくなれば、倒産する企業も出てくる」と騒ぎ立て、釈放の後押しをしていました。これも情けなかった。主権国家の法律とプライド、それと企業の損益、どちらが大事なのかと思わず叫びたくなりました。即時釈放して中国側が「日本の寛大なお沙汰に感謝する」などと言ってくれるとでも思ったのでしょうか。むしろ、「尖閣は中国固有の領土だ」「日本の不法逮捕に抗議する」とますます声を荒げただけです。そして釈放された船長は、まるで英雄気取りで帰国の途についたのです。当時の民主党政権の外交失策ではありますが、特定の政党に限らず、戦後の日本は企業の利益のために国家のプライドを犠牲にしてきた例が実にたくさんあります。行き過ぎた会社主義の弊害ですし、敗戦のトラウマもあったかもしれません。しかし、それが直近の日韓のやり取りでは見えなくなりました。これも安倍政権が大きく変えたことのひとつかもしれません。

日本が主権国家であるならば、自国の領土に関しては一歩も譲らずに主張するべきです。そんなことで、中国と戦争になることなどありません。

もっと評価されていい中央アジア歴訪

今回の韓国に対するホワイト国指定解除をめぐる一連の毅然とした態度を見て、ようやく日本も主張すべきことを主張する国になってきたと思いました。少しずつですが変わり始めてきました。

米中冷戦が勃発し、中国も日本に対して今までのような高圧的で不遜な態度はとれなくなってきています。中国にも日本をあえて敵に回したくないという思いはあるはずです。ロシアから見ても日本は極めて戦略的に重要な位置にあります。だから北方領土の交渉もあまり焦らないほうがいいのです。ずっと北方領土は日本のものだと主張し続けることが大切です。好機はいずれ訪れます。アメリカも日本との友好関係にヒビが入ればアジアでの足場が非常に軟弱になってしまいます。日本というのは周辺の国々、特に大国にとってすごく大事なポジションにあるのです。そのことを日本人がよく理解して、そこをレバレッジにして上手に立ち回るべきです。

日本は世界の標準から見てとても豊かな国です。公的債務の大きさが問題視されていますが、日本は世界最大の債権国、つまりお金を貸している国であるということはあまり話題にされません。また、日本の借金はすべて自国民に対して自国通貨で発行しているものですから、対外債務ではありません。ここが重要なポイントです。日本の経済的な底力はまだまだ健在なのです。今こそ、この経済力と、地政学的な、戦略的な位置をレバレッジにして、日本が、アメリカでもない、中国でもない、第3の選択肢として世界にアピールするチャンスだと思います。

安倍政権でもっと評価されるべきだと思うのは、安倍総理が日本の歴代首相で初めて中央アジアを歴訪しているという点です。中央アジアにも行っているし、いわゆる中東、たとえばトルコも就任してすぐに訪問しています。アラブ諸国やイランとも非常にいい関係を持っています。さらに言えば、インドのモディ首相とも親しい。その意味では、近年の首相のなかでは、かなりグローバルな視点で物事を見られる人だと思います。より国際的に日本のネットワークを広げていこうという意気込みを感じます。

中央アジアを訪問したというのは実に象徴的です。というのも中央アジア5カ国（カザフスタン、キルギス、タジキスタン、トルクメニスタン、ウズベキスタン）は歴史的には旧ソ連諸国なので、現在もロシアの影響力が非常に強い。一方でここに住む人たちはトルコ系のトルキック（テュルク）民族です。だから昔はトルキスタンと呼ばれていました。いわゆる西トルキスタンです。東トルキスタンは中華民国時代の中国に併合され、中国人はこの土地を「新疆《しんきょう》ウイグル自治区」などと呼んでいます。現在東トルキスタンが中国政府の激しい弾圧下にあるのはご承知のとおりです。

それはともかく、ロシアの影響化にある中央アジアに日本の首相が足を踏み入れたということは、ロシアに対するけん制という意味ではとても大きな一打でした。それから中国に対してもけん制になりました。なぜなら、中国が引こうとしている一帯一路において中央アジアは大切な入口だからです。そもそも一帯一路というのは、ユーラシア大陸をインフラ・ステーションでつなげて陸のルートとし、一方で海のルートも東南アジアで復活させようというプロジェクトです。簡単に言えば、シルクロードとスパイスロードの復活ということになります。これがもしつながれば、ユーラシア大陸の貿易はアメリカの管轄から外れるので大きな覇権の変化が生じることになります。さらに言えば、インフラ・ステーションに軍事基地を置くことも中国は念頭に入れています。

中央アジアはシルクロードの入り口で、出口はイランということになり、その先はトルコです。したがって、イランも戦略的に極めて重要なのです。

アメリカはその戦略的意味がよくわかっているからこそ、2001年にアフガニスタンに侵攻したのだと思っています。対アフガンの戦略というのは、すべて中国の覇権を止めるためのものだったと見ると、いろいろな意味で辻褄が合ってくるのです。

その意味でも、日本の首相が中央アジアに関心があるという態度を示すことは中国に対するけん制になるわけです。中央アジア諸国にしても、日本の投資が呼び込めるなら、なにも中国の傘下に入る必要はないと思っているはずですから。これはアメリカの利益にもつながります。

安倍政権の登場以来ようやく日本もアメリカ頼りではなく、独自の外交を行えるようになりました。むしろ、結果的にアメリカに頼りにされるようになりつつあります。

日本とイランの歴史的関係

なぜか日本のメディアはあまりイランの重要性について触れることがないようなので、ここで少しイランのお話をいたしましょう。

イランというのはアジアの出口であり、中東の入り口です。日本とも縁が深く、付き合いも古く、ササン朝ペルシャ時代、日本で言えば、飛鳥・奈良時代に遡ります。シルクロードを通り、さらに海を越えてやってきたペルシャのガラス工芸品が正倉院の宝物として大切に保管されているのは周知のとおりです。平城京の官吏にペルシャ人がいたという話もあります。

さらに時代は下って、敗戦のダメージも抜けきらない1950年代初頭、日本は当時中東の石油を牛耳っていたイギリスを差し置いてイランと交渉し、直接石油を輸入することに成功しました。敗戦国日本が独自の石油ルートを開拓したことが、その後の経済成長のはずみとなりました。つまり、日本にとっていわばイランは恩人です。イランにとってもこれをきっかけにイギリスの干渉から脱し、石油の自由貿易の道を開くことができたのですから、日本には感謝しています。何よりもイギリス海軍の目をかいくぐり、機雷だらけの海峡をタンカーで渡って来た日本人の度胸にイラン人は一目も二目も置いています。イランに限らず、中東では今も大国ロシアと戦い、英米と単身戦争した日本に親近感以上の感情を持っている人は少なくないのです。まあ、その人たちからすれば、戦後日本があまりもアメリカべったりなのは実に解せないことのようなのですが。それはさておき、一般の日本人ももう少しイランという国を知っておいたほうがいいと思います。

スンニー派とシーア派

イランとアメリカの関係というのも実はとても複雑です。ある種、不思議な関係と言ってもいいと思います。一見、激しく敵対しているように見えるのですが、一方でアメリカはイランの存在を力のバランスに利用してきたという歴史があるのです。

ご承知のように、イスラム教はシーア派とスンニー派というふたつの宗派に分かれます。シーア派は全イスラムの約10%です。つまり、シーア派は圧倒的に少数派で、スンニー派が主流ということになります。イランはシーア派です。

シーア派とスンニー派という名称自体は聞いたことがある人は多いでしょうが、ではそのふたつの宗派の一番大きな違いは何か？　と聞かれて即答できる人はあまりいないと思います。それはアメリカの知識人でも似たようなものです。あるアメリカのジャーナリストが、国内の主要人物、つまり政治家とか軍人とか学者に両者の違いについて質問したところ、9

割の人たちが答えられなかったという話があります。

歴史的な話をすれば長くなるので、さておいて、両者の一番の違いを言えば、統治論です。現在のシーア派はイラン革命で知られるルーホラー・ホメイニーの唱えた「ヴェラヤティ・ファキーフ」(法学者による統治論)の強い影響を受けています。ホメイニーは聖職者です。国王であったパーレビを追い出して、イランの統治者となったのが1979年。これがイラン革命です。

つまり、国というものは宗教指導者が統治すべきものであるという論で、これによってイラン革命の正当性が担保されているわけです。一方のスンニー派は、聖職者に権力を集中させるという考えはなく、伝統的に君主(スルタン、王)、軍人と法学者の間で権力配分をしっかりと行い、君主制に重きを置きました。

イランとサウジアラビアの長年の対立もそこから読み解くとわかりやすいかと思います。サウジアラビアは王国です。イランは、国王ではなく宗教指導者が国を治めるべきだと主張しています。イランのやろうとしていることは、簡単に言えば、周辺イスラム国へのイラン革命の輸出です。それが対立の大きな原因となっています。はっきり言って内政干渉なのですが、イランはそれが正義だと信じています。

政教分離の原則から言えば、宗教指導者が国を統治するのはおかしいのですが、シーア派にはシーア派の言い分があります。というのは、サウジのような王国では王様が権力と富を独占しており、貧富の差は拡大するばかりです。イランから見れば、サウジの国王は同じイスラム教徒から搾取しているということになります。２０１６年、サウジで活動するシーア派の聖職者のニムル師が過激なデモを扇動したという理由で死刑に処され、これに抗議する形でイランはサウジとの断交を宣言しました。両者の対立はもはや後戻りできないところにまで来ています。

イラク戦争で得た漁夫の利

アメリカはこういった対立劇に対して型どおりの批判をする一方で、内心は歓迎もしてきました。彼らにとって、イスラム世界、とりわけ中東地域に適度な揉め事があったほうが都合がいいのです。中東世界がひとつにまとまってしまうことのほうがアメリカにとっては将来的な脅威になる。だからこそ、中東地域にシーア派の脅威を残しておいたと言うこともできるわけです。

たとえば、イラク戦争ですが、実はこの戦争で誰が一番得をしたかと言えば、これはアメリカでもイラクでもトルコでもサウジアラビアでもなく、イランであると断言できます。なぜかと言うと、アメリカによって倒されたフセイン大統領はスンニー派です。現在のイラクの政府はシーア派で固められています。つまり、かなりイランの影響が強い政権だということです。

アメリカが「フセイン政権は大量破壊兵器を隠し持っている」という理由で始めたイラク戦争でしたが、肝心の大量破壊兵器は見つからず、結果的に「大義なき戦争」という不名誉な別名をもらうことになりました。しかしその陰でちゃっかり漁夫の利を得ていたのが、イランでした。一番の脅威であるイラクを目の前でアメリカが叩き潰してくれたのですから。

このことによりオスマン帝国の第17代皇帝ムラト4世が17世紀にバクダッドを征服して以来、ずっとスンニー派の支配下にあったイラクが400年後にはじめてシーア派の手に落ちたのです。イスラムの歴史において、これは非常に大きな事件でした。

アメリカにとってイランというのは相変わらず目の上のたん瘤ですが、なくなってもらっても困る存在です。中東がスンニー派でひとつにまとまってしまうのは避けたい。スンニー派がスンニー派の同盟国アメリカを必要とするようにしたい。結局はサウジアラビアも仮想敵国イランの存在があるからこそアメリカを必要としていて、アメリカの兵器を大量購入してくれる。アメリカにしてみれば、兵器産業の大お得意さまのひとつになってくれていて、その兵器ビジネスを陰で支えているのがイランなのです。

また、イスラエルにとっても友好国アメリカからの支援を得るためにもイランの存在は必要なわけです。

中東戦略の練り直しを迫られる米国

1953年、イランのモハンマド・モサッデク政権がクー・デターにより失脚、モハンマド・レザー・パフラヴィー政権が興りました。モサッデク首相は、石油国有化に踏み切り、イギリスによるイランの石油独占に終止符を打ちました。言い換えるなら、イギリス、そしてその後ろにいるアメリカにとっては我慢のならない存在でした。英米に対抗するため、モサッデクはソ連に接近を試みたこともあります。その結果、ますますアメリカの逆鱗に触れたのです。このクー・デターを仕組んだのがＣＩＡ（アメリカ中央情報局）であることはもはや公然の秘密でさえもありません。

しかし、中国の台頭によりアメリカの思い描く中東戦略は大きな変更を余儀なくされつつあります。

まず先にも触れたように、一帯一路においてはイランというのは極めて重要なポイントになります。その意味で中国とイランが経済関係を深め、軍事協力で手を握ってしまうと、もはやイランは中国なしではやっていけなくなります。スンニー派へのくさびとしてシーア派を利用する話など土台からくずれ、中東は完全に中国の影響下に入ってしまいます。当然のことながら中国の最終的な目的は一帯一路の確立によって中国の物品を陸路で中東に売り、代わりに中東の原油を手に入れることです。

だからアメリカもイランという国を決して軽視はできません。対立しているといってもそれはあくまでイスラム主義政権に対するものであり、また新たに世俗主義的な政権、それもアメリカ寄りの政権ができることを望んでいるし、そのための工作もしているはずです。

また、現在のアメリカにはイラン革命から逃げて来たイラン人も多く住んでいます。たとえば、ＵｂｅｒのＣＥＯはイラン系アメリカ人です。彼もまた革命を逃れてアメリカにやって来たというプロフィールを持っています。イランのエリート層は産業界でも活躍しています。その意味では、イランはアメリカにとって決して遠い未知の国ではないのです。

トランプ大統領はイランに対して、核兵器開発を止めるなら性急な政権交代は望まない、という具合に、ここへ来てこれまでの強硬な姿勢から多少トーン・ダウンしてきた感もあります。しかしおそらくペンタゴンやＣＩＡの本音はこのとおりではありません。現状のままイランを中国に渡すのは極めて危険だという認識なので、イスラム主義政権の転覆を狙っていると私はにらんでいます。イラン国民も長年にわたるイスラム主義政権のもとで苦しんでいますから、外から何かの形で火をつけると内部から一気に炎上するかもしれません。

トルコにもかなりの数のイラン人がいます。現在、トルコもいろいろな意味で難しい状況にあり、決して暮らしやすいとは言えないのですが、それでも在トルコのイラン人は「イランよりずっとましだ。ここはヘヴン（天国）だよ」と言います。「トルコには自由がある」と。その声にはかなり実感がこもっています。イスラム主義政権下で締めつけられ、そのうえで経済制裁を受けているのです。石油が採れるといっても、一部の特権階級しかその恩恵にはあずかれませんし、一般の庶民には富の分配はなく、国のお金は軍事やイスラム過激武装組織ヒズボラの支援に回っているのですから、国民の不満は高まるばかりです。

１９７９年のイラン革命から40年も経っていますので、そろそろ大きな変革があってもおかしくはないと思います。やはり、キーとなるのはアメリカですが、直接の軍事介入の可能性は低いというのが私の見方です。イラン内部で何か内戦的なもの、革命的なものが起きた場合は、支援はするし、場合によってはごく限定的な攻撃は行うでしょうが、全面戦争にまでは発展しないと考えます。

アメリカと中国の戦争観

日本のテレビなどを見てみますと、トランプがあたかも好戦的なタカ派大統領のような印象報道がなされていますが、アメリカン・ファーストを謳う彼はむしろ戦争をしたくない大統領ではないかと思っています。アメリカの世論というのは、大義――彼らの好む言葉で言えば、――justiceさえあれば、一気に戦争へと傾きますが、結果起きた犠牲がその大義に見合うかどうかを大変気にします。本音を言うと、自国の兵士、アメリカ人をひとりでも殺したくないのです。たとえば他国の紛争に介入し、戦死者が1000人も出れば、たちまち反戦運動が起き、政権の支持率に影響します。アメリカの青年の血を一滴でも流したくない。流す場合は、それなりのjusticeが担保されなければならない。これをアメリカ流のヒューマニズムという言い方もできます。またこの観点から考えると、可能な限り自国の兵士の血を流さず、敵国に最大限のダメージを与えるために開発されたのが原子爆弾をはじめとした各種核兵器だとも言えます。このコンセプトは今も普遍で、ドローンや無人機、ロボットやAI兵器の開発、あるいはサイバー・アタックや宇宙戦略というのは、みな自国の兵士の血を流さない未来の戦争を想起してのものです。これこそが、アメリカ合理主義なのかもしれません。

一方で中国は、昔、毛沢東が「核戦争になって世界の人口の半分が死んでも3億人の中国人（当時中国の人口は6億人）が生き残るから大丈夫だ」とソ連に言い放ったように100万人、200万人戦死しようが、大したダメージになりません。先に中国にとって人口は武器になると言ったのは、こういう意味もあるのです。

朝鮮戦争で、アメリカ軍と中国軍は直接あいまみえ、結局38度線で痛み分けのようにして休戦しました。この戦争でのアメリカ軍の戦死者は3・6万人、対する中国軍の戦死者は5倍の18万人でしたが、精神的なダメージは圧倒的にアメリカのほうが強かったのです。毎日のように伝わる戦死者の報に、アメリカ国内では厭戦ムードさえ漂い始めました。見かねた総司令官のダグラス・マッカーサーが原子爆弾の沖縄基地への移動と戦争での使用をハリー・S・トルーマン大統領に進言しました。つまり、残酷な合理主義を検討したのです。彼は直接中国を攻撃することも主張していました。結果的に、大統領との意見の相違が原因で解任されたのですが、このあたりにアメリカと中国の戦争観の違いを見るようで興味深い話だと言えます。

再び世界は二分されるか

公称14億人、実際は15億人とも言われている中国本土の人口に加えて、中国には「中華」人という考え方があります。つまり、あまねく中華系の人たち、台湾人、香港人、それから東南アジアの華僑、あるいは在日、在米の中国系、これらを潜在的な人口とカウントし、彼らはすべて本国（中国）の配下だという主張です。いざ有事になれば彼らは本国に忠誠を誓い、アメリカや日本と戦うべきだと考えているのです。だから、中国からすれば台湾の独立派や今回の香港のデモは、裏切り行為ということになります。

かなりの数の中国系住人がいるアメリカは、中国政府のこういった傲慢で自己中心的なものの考え方を許せないと考えていることでしょう。ちなみに、「華人」という場合は、移住した国の国籍を取った者を言い、これに対し「華僑」というのは中国籍を有した移住者を指します。ただこれはあくまで原則的なもので、「華僑」を含めた在外中国人すべてを「華人」と呼ぶこともあるようです。それから日本に住む台湾人も、文字どおり台湾にルーツを持つ人もいれば、大陸で生まれたけれども共産主義が嫌いだという理由で中華民国籍を取得した人もいますし、そのあたりはかなり大雑把な分類になります。もっとも中国からすれば、それらはすべて「中国人」ということになるのですが……。

トランプ政権が、中国人の留学生、特に理系研究者に対するビザを厳格化すると発表しました。中国人研究者による、いわゆる技術の盗用や知的財産の侵害が目にあまるからです。こういった規制は今後さらに厳しくなっていくと思います。これも冷戦の流れのひとつと見たほうがいいでしょう。

米ソ冷戦にしても最初始まったときにすぐ鉄のカーテンが引かれたわけではありません。東西のベルリンだって行き来できたのです。ベルリンの壁ができたのは1961年のことでした。近い将来に、中国とほかの西側諸国の間に鉄のカーテンが引かれる可能性も否定できません。

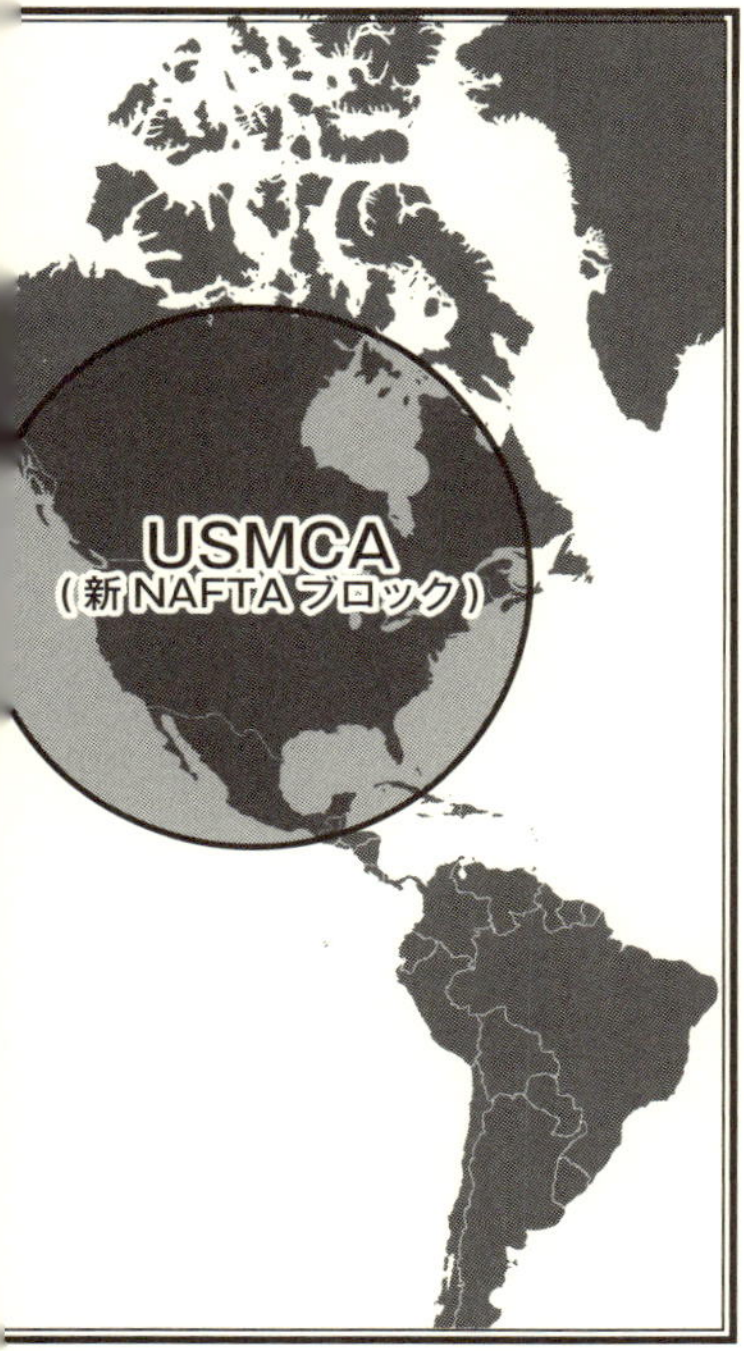

そうなればカーテンの向こう側に、一帯一路だけで経済が完結する世界ができあがることになるでしょう。米ソ冷戦時代のように世界経済が完全に分断されるのです。そこまでいかなくても人や

ブロック経済の台頭

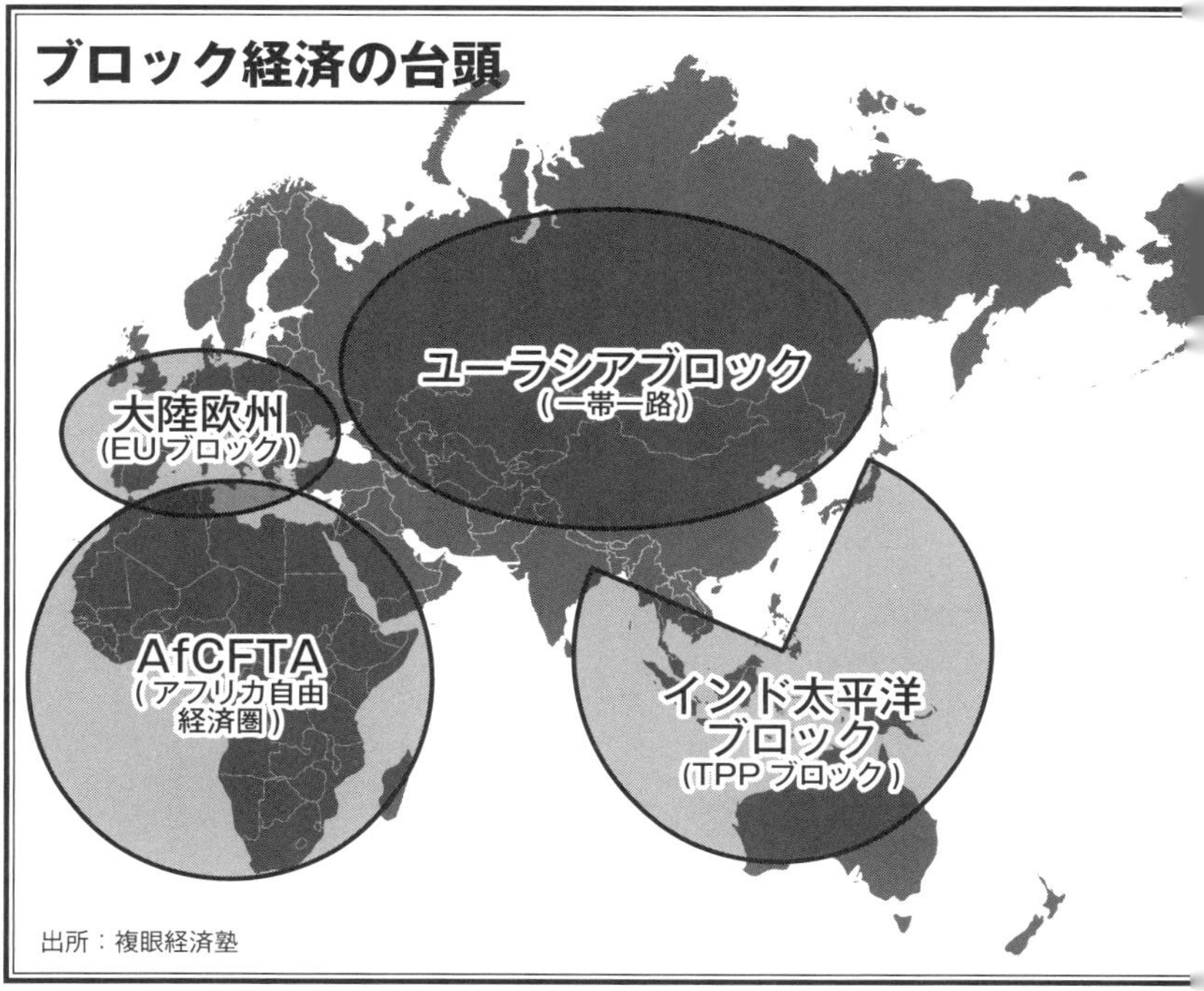

出所：複眼経済塾

ものの行き来が非常に制限される可能性は高い。これは時間をかけて進んでいくはずです。米ソも対独で同盟関係を結んでいたわけですから、最初からケンカをしていたのではありません。現在は、新冷戦のごくごく初期段階と見ていいでしょう。

日本にも毎年かなりの数の中国人観光客が来て爆買いが話題になっていますが、日本政府もそろそろ中国人以外の観光客を増やす努力をするべきです。あるときからぴたりと中国人観光客が来なくなる可能性もあります。中国政府がいつどこに旅行規制をかけるか予測はつきません。表面上規制しなくても日本帰りの旅行者に何らかの減点を加えるかもしれません。

どちらにしろ米中による新冷戦は、米ソ冷戦時代と同じように緊張が起こったり緩和したりしながら長く続きます。それは今、始まったばかりなのです。

第二章

グローバル化の終焉とブロック経済の復活

マスコミは語らない大阪G20の成果

２０１９年６月、大阪で開催されたＧ20サミットは無事終了し、日本はホスト国の重責を果たしました。Ｇ20と言いますが、招待国を含めれば、28カ国、さらに国連、ＩＭＦなど９つの国際機関が参加するなど、日本がかつて経験したことのない大規模な国際会議でした。日本のマスコミはこの会議の成果を過小評価した報道に終始していましたが、私はそれなりの成果があったと思います。経済的なアプローチで見ると、結局は強弱を繰り返しながら緊張が続くであろう米中が、このタイミングで一時休戦をしたというのは重要なことですし、そのお膳立てを日本がしたということは正直、評価していいと思っています。もちろん、これで冷戦が終わるわけではありませんが、いたずらに対立を激化させるよりも、こういう話し合いの場を持つということが非常に大切なのです。米ソ冷戦時代も緊張緩和に向かったきっかけをつくったのはレオニード・イリイチ・ブレジネフ書記長の訪米（１９７３年）でした。そういったバックチャンネルづくりという意味では、一応の成功があったと評価すべきでしょう。

G20開幕後、トランプによる電撃的な板門店《はんもんてん》訪問があり、現職のアメリカ合衆国の大統領としては初めて朝鮮民主主義人民共和国の土を踏んでみせました。サミット自体よりもこちらのほうがマスコミの話題をさらってしまった感がありましたが、私としてはちょっと違和感を覚えるパフォーマンスでした。今の北朝鮮にあそこまでする必要があったのかというのが正直な感想です。彼はフットワークが軽いというか、ショーマンですから、ああいう派手な舞台を好むというのは理解できますが、これに関しては、アメリカ国内からも批判が多かったのは事実です。一方で、まったく見せ場をつくれなかったのは文在寅大統領でしょう。米朝の仲介役をアピールしようとして、結局は3首脳並んでのショットも撮らせてもらえず、肝心のトランプは金正恩委員長との会談を終えると、文在寅には目もくれず、そのまま帰国してしまいました。

ただここで気になるのは、北朝鮮の中短距離ミサイルを容認したトランプが、一体どんなカードを手に金正恩とのゲームに挑むかです。ここへきて習近平からもポーカー(首脳会談)の招待状が届き、トランプがそれを受ける姿勢を見せていることも注視しなければいけません。何と言ってもトランプはアメリカン・ファーストの人ですから、金正恩や習近平の切るカード(交換条件)によっては、ディールに乗ってしまうかもしれません。日本の安全保障に関わる問題でもあります。どちらにしろ、日本が自国の防衛というものを真剣に考え直す重要な局面が訪れているということです。

安倍首相は習近平に人権問題を突きつけた

G20に話を戻すと、特筆すべきは、安倍首相が習近平国家主席との首脳会談で、香港問題とウイグル問題について懸念を表明したことです。これまで中国の首脳に対して面と向かって人権問題を持ち出した日本の首相は、私の記憶ではいません。これに対し習近平は反論もせず、そればかりか会談の席上、お得意の「歴史問題」に一切言及しなかったという点も見逃せません。G20の会場である大阪では当日、ウイグル人や香港人、チベット人の反習近平デモが整然と行われていました。2008年4月、長野市で行われた北京五輪聖火リレーでは、市内中を中国人留学生が振る五星紅旗がはためき、反中派のチベット旗やウイグル旗はメインストリートから外れたところに追いやられました。チベット旗排除は「お友達（中国）の嫌がることはしない」という福田康夫総理大臣の指示だったとも言われています。そのときと比べると隔世の感があると言わざるをえません。日本にもようやく中国にはっきりものを言える総理大臣が登場したというのが正直な感想ですし、国際社会も日本の総理にもっと積極的に人権問題を訴えてほしいはずです。

これも米中新冷戦による日本への追い風です。貿易戦争で劣勢に追い込まれつつある中国は、いざというとき日本に頼らざるをえない。今、日本と揉めるのは得策ではないという判断から強気には出られません。同時に、安倍首相とトランプ大統領の無言の連携のたまものでもあります。私が安倍内閣は冷戦内閣だという意味がおわかりいただけたかと思います。

もはや役目を終えた国連

私は今回のG20をウォッチして国際連合の影がますます薄くなり、グローバル社会という幻想は完全に終わったと強く感じました。

G20はもともとG7（日本、アメリカ、イギリス、フランス、ドイツ、イタリア、カナダ）でスタートしました。これにロシアが加わりG8。さらに参加国が増えて現在のG20になったのです。当初は各国の中央銀行総裁や経済担当大臣が集まる経済中心の国際会議でしたが、しだいに各国のリーダー、首脳が顔を合わせる会議の体裁が整ってきました。

私はこのG20が、形を変えた新しい国連のような役割を果たすのではないかと密かに期待しています。というのも、国連自体がこの新冷戦の時代に対応しきれていないと思うからにほかなりません。

まず、国連は加盟国が多すぎるのです。力を持たない小さな国が多数加盟しています。どんな小さな国であっても独立国として国連に参加する資格はあるはずだし、彼らの一票も貴重な一票だという理屈は理想論としては理解できます。しかし本当に彼らの一票は、真の意味のディシジョン（決定）に影響があると言えるのでしょうか？　アフリカなどの小国の一票に意味があるとすればそれは中国にとってであり、多くはカネや利権で動く〝一票〟です。その舞台裏は賄賂と露骨なロビー活動の場と言っていいと思います。

たとえば、２０１９年7月、中国政府による非人道的なウイグル人強制収容所の存在を非難する書簡に、日本をはじめイギリス、フランス、ドイツら22カ国が署名、国連人権委に提出しましたが（人権委を脱退したアメリカは署名自体には不参加）、主要国のうち一帯一路に参加を表明しているイタリアとギリシャは態度を保留しています。その一方で、「中国の人権配慮は先進国並みであり、ムスリムの強制収容はテロ対策上仕方のないこと」という驚くべき書簡に署名した国が37カ国もあるのです。署名の筆頭はロシアですが、サウジアラビアやパキスタン、アルジェリアなどのイスラム国も37カ国のなかに含まれていて唖然とさせられてしまいました。いずれも自ら人権侵害を行なっている国、あるいは経済的なつながりで中国に何らかの従属を余儀なくされている国です。つまり、新興国、小国の票は中国が握っているのです。私に言わせればこんな理不尽なことはありません。

第二に、参加する国が多くなれば、それだけ運営の効率が悪くなります。結局コストばかりがかかるわけです。そもそもWWⅡの敗戦国である日本はいまだに常任理事国にも入れず、拒否権もありません。アメリカ、中国に次ぐ3番目に多い分担金を払わされているにもかかわらずです。国連はこんな時代遅れのことをいまだにやっているのです。

今後の世界はブロッキングが軸に

確かに米ソ冷戦の時代は国連の重要度も高かったのですが、新冷戦時代はG20がその役割を担っていくのではないでしょうか?

まず、この20カ国だけで世界経済の8割から9割を持っていて、しかも合わせた人口は全世界の半分以上になります。ものごとを決めるにはこのくらいの参加国数が理想的です。とにかく国連は適応年数を超え、さまざまな矛盾を抱え、垢にまみれてしまいました。もはや役目を終えつつあるのです。

では、もうひとつのグローバル社会の終焉とは何を意味するのか。Ｇ20が国連に代わる存在になるなら、それもまたグローバル化ではないか、という疑問を持たれる読者も多いでしょう。実は私は、それは逆だと思うのです。今回のＧ20の主題も、結局はアメリカと中国の対立、つまりブロッキング（分断化）が軸でした。開催されたことで世界のブロッキングが明確になりました。私は、グローバル化の幻想を基本とする国連とは異なり、今後のＧ20はブロッキングを前提とした会議へと変貌をしていくのではと考えています。

イギリスはブレグジット（ＥＵ離脱）の方向へ向かうでしょう。ドイツでは国民の間に、なぜわれわれがギリシャのような破綻した国家を支えなくてはいけないのか、という不満がくすぶっています。ブレグジットはＥＵ瓦解の最初のドミノとなるのかもしれません。

一方、フランスもエマニュエル・マクロン中道左派政権の下で移民政策の大幅な転換（厳格化）を迫られています。マクロン大統領はヨーロッパの国家間で自由に国境を越えることを許可するための「シェンゲン協定」を見直し、加盟国を減らすべきだとも主張しています。要するに国際テロリストの容易な入国に危機感を覚えているのです。

よくフランス人は自国意識の強いちょっと鼻もちならない国民のように言われがちですが、フランス自体は実質的な多民族国家です。フランス系のほか、イタリア系、イギリス系、アラブ系、アフリカ系、それにアジア系、ユダヤ系が混然となって生活しています。アルザス地方の住人の多くはご承知のとおりドイツ系です。パリで才能を開花させた芸術家、たとえば、ピカソはスペイン人ですし、ゴッホはオランダ人、フジタは日本人です。フランスという国とそこに根付く芸術・文化を愛し、フランス語をしゃべり、フランスの生活になじんでいる限りにおいては、決してフランスは他民族に不寛容な国ではありません。そのフランスでさえグローバリズムという理想主義が通じなくなってきているのです。

左右それぞれの反グローバリズム

ここでいうグローバリズムとは、主に経済的なグローバリズムを意味します。それ以外のグローバリズム——たとえばいわゆる文化的なグローバリズムに関してはおそらく誰も反対していませんし、反対する意味もあまりないはずです。われわれは好むと好まざるとを問わず、世界はインターネットでつながれ、地球の裏側で起こった事件もほぼリアルタイムで知ることができる環境にいます。ＭＡＮＧＡもＡＮＩＭＥも今では世界共通語です。こと情報という面においては、世界は確実に狭くなっているのです。

では、もうひとつの経済的グローバリズムについて少し考察してみましょう。簡単な言葉で言えば多民族企業です。巨大企業がボーダーレスにビジネスを広げていき、たとえば、アジアで作ってアメリカ、ヨーロッパで売るということが何の規制もかけられず、資本も自由に移動できる。――こういうスタイルが現在、本書でも述べているさまざまな理由で機能しなくなってきています。そのため、これからはやはりいわゆる国民国家、国自体が本来の力を取り戻す方向へ向かっていくことでしょう。

ここでひとつ注意しなければいけないのは、反グローバル主義、いわゆるアンチ・グローバリズムというのは大きく分けてふたつ、軸があるということです。ひとつは、ダボス会議とかG20などの国際会議、あるいはIMFの前などでデモをしたり。国際化という言葉に過剰に反応し、とにかく反対の声を挙げるような、どちらかといえば左寄りの人たちによる運動です。左派アンチ・グローバリストと言ってもいいでしょう。昔の新左翼の学生運動に近いノリと言えます。要は反資本主義、反アメリカ帝国主義という看板を反国際資本、反IMFに塗り替えただけ。こういう人たちはどの時代にもいますが、最近の言葉で言うところの中二病で、人畜に対しては無害です。ただ、左派が反グローバリズムを掲げるのは、巨視的に見ると矛盾をはらんでいます。それについてはのちほど触れることにします。

もうひとつ、今後さらなる台頭が予想されるのが、右寄りの反グローバル主義のオピニオン――つまりトランプ大統領、フィリピンのロドリゴ・ドゥテルテ大統領、あるいはトルコのレジェップ・タイイップ・エルドアン大統領に代表される非常にナショナリズムが強いリーダーによるアンチグローバル化運動です。この流れは1930年代に非常に似ていて怖い。その意味で注視が必要です。

世界のブロック化は避けられない

第一次世界大戦後、1920年代は世界的に好景気で、どの国もグローバル経済の気運のなかにいました。しかし、突如起こった大恐慌をきっかけに、1929年以降は一転、各国は保護主義に走ったのです。これはリーマンショック後の世界の流れと酷似しています。1930年代の国際経済のもうひとつの大きな特徴を挙げれば、ブロック経済化です。特に、これはイギリスを中心に、世界中にあった英領や旧植民地、つまり「日の沈まない大帝国」でひとつのブロックをつくろうという動きでしたが、実は同じような動きが今後起きるのではないかと私は読んでいます。

私が予測するのは、まず中国とロシアが主体のユーラシア・ブロック。中国を中心とするもので、一帯一路構想がまさにそれです。一方、アメリカは新NAFTA（北米自由貿易協定、新しい正式名で言うとUSMCA）――つまり、アメリカ、メキシコ、カナダの3カ国でつくるブロック。これに中南米諸国が加わる可能性もなくはないと思います。EU離脱後のイギリスが参加することもありえますが、現時点では何とも言えません。それから、フランスとドイツを中心とする大陸欧州でつくるEUブロック。

では、日本はどうするべきか？　どのようなブロックを形成するべきなのか？　と考えた場合、日本とインドとオーストラリアを軸とするTPPを土台にした海洋国家経済、インド太平洋ブロックというのが一番現実的だと思います。これもすでに全部土台ができています。

アメリカ、中国、EU、そして日本。すでにそれぞれのブロック経済の土台はできあがっているのです。残るは南米とアフリカですが、実はこちらも動き始めています。ここ数年、アフリカ連合（55カ国参加。オブザーバー国は7カ国）のなかで、アフリカ自由経済圏をつくろうという構想が提案されていて、ようやく同意を得たのです。なんといっても55カ国です。アフリカ大陸の農業可能な土地を合わせると全世界の60％に達すると言われています。アフリカは実に可能性を秘めた地域なのです。

アジア・アフリカはとてつもなくデカい

ピーターズ・ワールド・マップというものをご存じですか？　われわれが普段使っている世界地図はメルカトル図法で描かれたものです。後者の地図ですと、極に近づくほど面積が肥大化して、グリーンランドが実際の面積よりもかなり大きく描かれてしまいます。あの地図自体、ヨーロッパ中心主義、つまり植民地主義的な視点でつくられているのです。そのメルカトル地図を参考に、あくまで面積を再現することを念頭に置いて製作されたのがピーターズ地図なのです。ピーターズ地図で見ると、アフリカ、南米、そしてアジアがいかに大きいか、ヨーロッパがいかに小さいかということがわかります。

現時点で言えば、アフリカ諸国は依然発展途上で、経済規模も合わせて3兆ドル程度。日本のGDPにも満たないわけです。しかし、本当にアフリカ自由経済圏構想が現実化すれば、今後の発展は大いに期待できると思います。アフリカで唯一の不安材料は、国家間や部族間の紛争が絶えないことですが、それも経済的な結びつきの中で少しずつ緩和の方向へ向かっていくと思います。

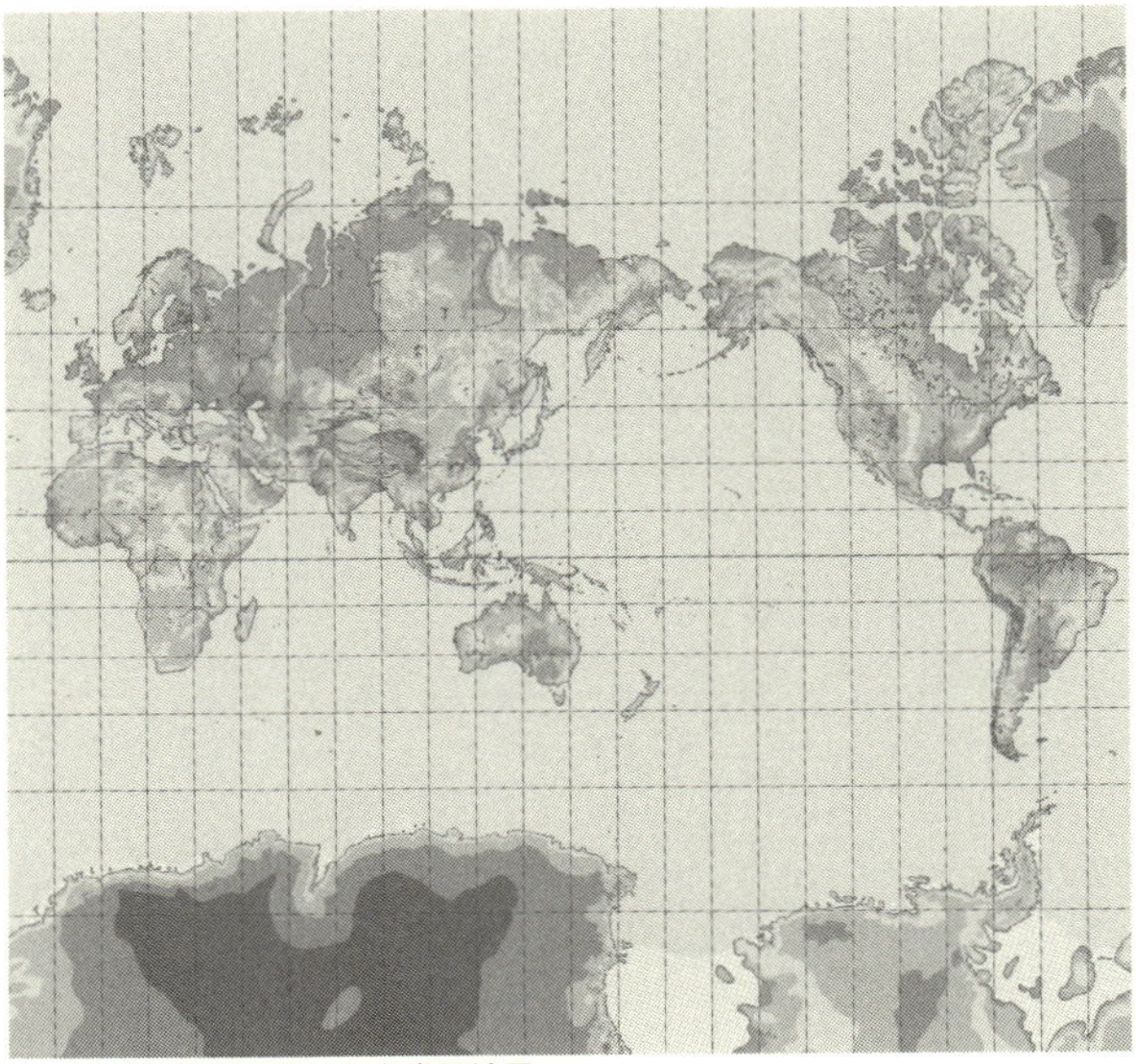

メルカトル図法で描かれた世界地図

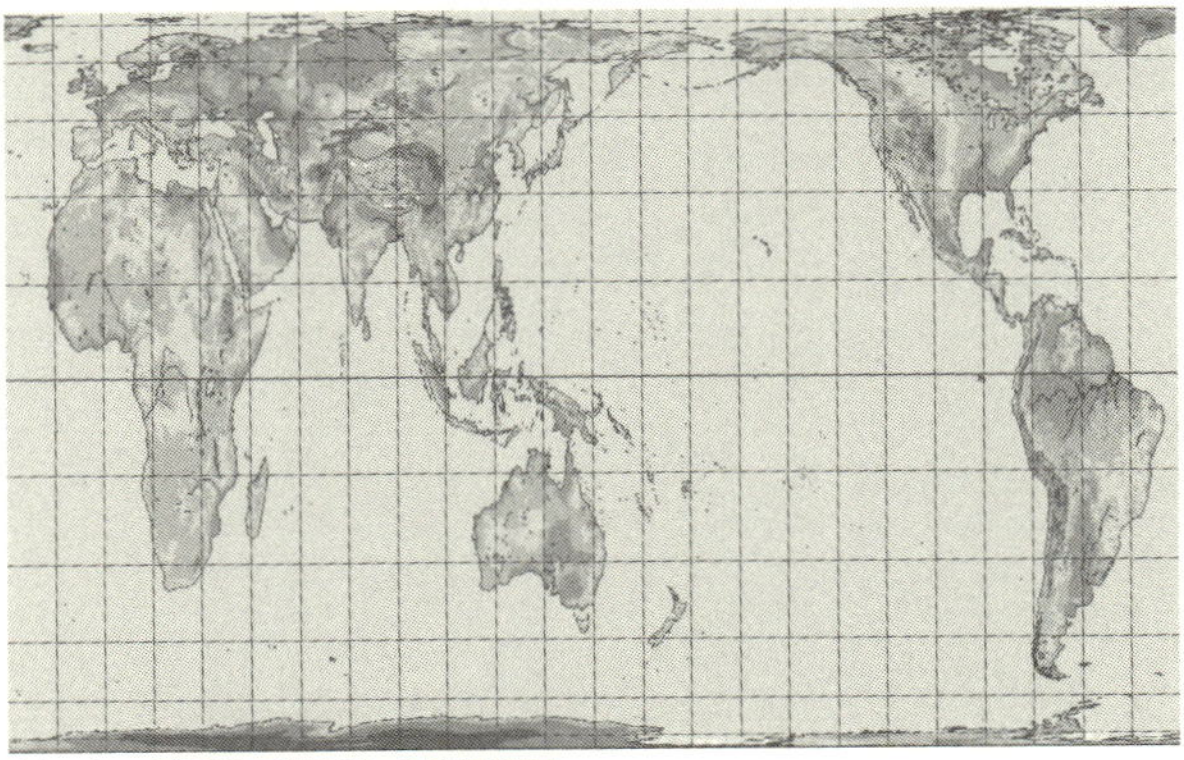

ピーターズ図法で描かれた世界地図

そういった一連の未来図を描くと、世界はいくつかにブロック化され、各ブロックの主人公は企業ではなく国家になっていくと予想されます。そのブロック同士の貿易摩擦はこれからより顕著になっていくことでしょう。それが今後の世界経済の一番のキーになると思います。

どちらにしろ、現在イメージされるグローバル経済は設計図の見直しが迫られていると言っていいと思います。

移民問題の本質

グローバル化の構想というのは、古代ローマからあります。古代ローマもある意味でグローバル社会を達成した帝国であり、地中海圏で自由貿易を可能にしました。時代を下れば、チンギス・ハーンのモンゴル帝国もアジアとヨーロッパをつないだという意味でグローバルな経済圏を成立させたわけです。

ただ、誰もが思い描いたようなグローバル社会、たとえば世界の行き先はすべて企業、コーポレート、もしくはマーケットが決めるといったヴィジョンは霧散しました。

グローバル化の失敗の理由はいくつか考えられますが、産業の空洞化がまず挙げられます。リーマンショックのあと、ギリシャから50万人ほどの若者がドイツを中心とする他国へと大量に移動して行きました。トルコにも約50万人。スペインにはなんと180万人。この人たちはいわゆる単純労働者ではなく、教育レベルの高い人たちでした。ここに移民問題の根の深さがあると言えます。真っ先に国を捨てるのは実はインテリやテクノクラート。そして次にブルーカラー。最後に本当の経済難民がやって来るのです。

自国から製造業がなくなったからこの人たちが移動しているのか、それともこの人たちが移動しているから製造業がダメになったのかについては議論の余地はあります。海に囲まれた日本では若者の移動はありませんでしたが、一時期、大中小の企業が安い労働力を求めて中国に進出し、結局、国内の産業が空洞化してしまうという現象がありました。今や脱中国はトレンドですが、それでも日本から逃げた製造業が完全に戻ったとは言えません。

移民問題のもうひとつの特徴は移民同士の間で生じる葛藤です。あとから来た低賃金労働者によって、移民全体のバリューが下がるということになりますから、「先に来た俺たちが苦労して今の地位を築いたのに、あとから来たお前らのおかげで給与を安く買いたたかれている」、という不満が鬱積することになります。

豊かなヨーロッパ諸国でもこういう問題が起きているのですから、ほかの地域ではもっと大きな問題が起こるのは当然です。移民問題は21世紀の大きな課題として、これからも尾を引くことになるでしょう。

ミレニアル世代

トランプをはじめ、いわゆる右寄りのアンチ・グローバリズムが台頭してきている背景には、今述べた移民問題が強く影を落としています。それともうひとつ、アメリカではミレニアル世代あるいはジェネレーションYと呼ばれる世代が、社会人として第一線に立ち始めたことも大きく影響しています。

「ジェネレーションY」とは、ダグラス・クープランドの小説から誕生した言葉「ジェネレーションX」（１９６０年代初頭から１９７０年末生まれの世代）の次の世代という意味で、１９８０年から１９９９年生まれを指します。X世代が、物心ついたときには家にテレビがあり情報と物にあふれた環境に育った大消費時代の申し子であったのに対し、Y世代は早期からデジタル機器、パソコンやゲームに通じており、思考もデジタル的でスマートですが、反面、青春時代は不況のど真ん中にあり、そのため多くは成人してからも学生ローンの返済に苦しんでいます。この人たちは自分の親の世代と比べて、経済的な状況が非常に悪く、たとえば家を買うとか、気楽に車を買い替えたりすることができません。当然ながら、彼らは晩婚で少子の傾向にあります。最初から結婚を諦めて一生独身を決め込んでいる人も少なくありません。となれば、思考も内向きにならざるをえません。

問題なのは、こういった現象がアメリカだけの出来事ではなく、世界的な傾向だということです。日本に当てはめてみればよくわかります。産業の空洞化が原因で親の世代の収入が少なくなった今の30代には高額の奨学金の返済に悩んでいる人が多い。若いうちから借金をかかえているわけですから、消費に関しては消極的になります。結婚を含めた将来設計などを描くのもおぼつかず、その結果として招いたのが少子高齢化社会です。さらに企業は安い労働力を求めて中国へと進出し、さらに安い賃金で働く外国人労働者の流入で雇用の減少に拍車がかかります。給料が上がらないので物を買わなくなり、結婚も遠のく。負のスパイラルが続きます。結局はこれもグローバル化にその原因を見ることができるのです。

グローバル幻想

これはまだ日本では深刻な事態にはなっていませんが、移民問題を原因としたポリティカル・コレクトネスの拡大解釈による社会生活におけるさまざまな衝突が、今アメリカや欧州で慢性的に起こっています。

Political correctness（ＰＣ）とは直訳すれば、「政治的正当性」。要は人種、宗教、性別などによるあらゆる差別・偏見をなくそうという理念です。これだけ聞けばとても素晴らしいことのように思えるかもしれませんが、ＰＣも行き過ぎると「はだ色」という名称はけしからんといったような言葉狩りを生みます。アメリカでは一般的な暮れの挨拶、「メリー・クリスマス」を止めて「ハッピー・ホリディ」とすべきだという議論が大真面目に行われていました。キリスト教以外の宗教を信仰する人々に対する配慮だそうです。フランスではつい最近学校で「お父さん」「お母さん」という呼び方を廃止し、代わりに「親1《パランタン》」「親2《パランドゥ》」と呼ぶ法案が可決しています。同性愛カップルに育てられた児童が混乱しないためというのがその理由です。こんなおためごかしで本当に差別がなくなるのかははなはだ疑問です。しかも多様性という名の下にこういった言葉の言い換えや長年親しんだ習慣への干渉が進み、欧米社会では今、人々のストレスが限界にまで達しているのが現状です。なぜ元からこの土地に住んでいるわれわれが、あとから来た移民に過度に気を使わなくてはならないのか。同性愛に対し個人的に嫌悪感を持っただけで「差別主義者」のレッテルを貼られなくてはいけないのか。SNSにはそんな不満や鬱憤《うっぷん》の声があふれています。

そんなとき誰も予想もしなかった大統領候補として登場し、みごと当選を果たしたのが、トランプでした。トランプはアメリカン・ファーストを謳い、不法移民を入れないためにメキシコ国境に壁を作るという破天荒な（破廉恥な?）公約を掲げ、マスコミの悪口を公然と言い放ち、ツイッターで有権者に向かって堂々と「Merry Christmas」と挨拶して大統領になりました。

トランプをはじめとした右派アンチ・グローバリズムの政治リーダーたちは、悪く言えばポピュリズムを武器にして登場した政治家という見方もできます。事実トランプ大統領は、大衆のグローバル化に対する不満の追い風を帆にいっぱい浴びて大きく船出を始めました。今のところ、その風は弱まる気配はないようです。

資本主義の危機が来ている

これもポピュリズムと言えるのかもしれませんが、上院議員のバーニー・サンダース（無所属）がある討論会で学生ローンの返済を一切免除、つまりチャラにするべきだと言って話題になりました。確かに人気取りの発言でしょうし、現在のところは無茶な話にも聞こえますが、将来的にこれは行わざるをえないと思います。日本も現状の奨学金制度を見直す時期に来ていると思います。

もっと視野を広げてみれば、全世界の債務は２０００年の時点で約80兆ドルだったのですが、現在は２４０兆ドル。これを日本円に換算すると約２京８０００兆円という途方もない金額になります。つまり、20年間で3倍に増えているのです。先進国に関しては借金もどうにか伸び止まりになりましたが、新興国は増えるばかりです。アメリカもかなりの借金を抱えていますが、この米中対立の流れによるグローバルの終焉とブロック経済化で巻き返しは十分可能です。しかし今述べましたように、新興国はますます厳しい立場に追いやられるのではないでしょうか。ただでさえG20の外にいる国々は世界経済から弾かれつつあるのに、さらに過酷な状況に置かれることになります。その場合、これは恐らく大規模な債務のライト・オフ（帳消し）も行わざるをえないのではないかと思います。それくらい大胆なことを断行しないと、もはや世界の資本主義を防衛できないのではないでしょうか。

私がもっとも危険視するのは、資本主義がカオスに入っていき、大衆に民主主義自体への懐疑心が生まれ、世界がどんどんポピュリズムに支配されてデマゴーグ（煽動的民衆指導者）が台頭するようになることです。これはすなわち１９３０年代の再現です。猜疑心とデマゴーグは取りつけ騒ぎを起こし、これが先の大恐慌の引き金となりました。今後、それと同じことが起きないとは言えません。もしそのようなことになれば、戦争が起こりやすくなります。人間でも、余裕がなくなれば、ついカリカリして周囲とぶつかりやすくなります。国同士の関係も同じで、要はちょっとした衝突が戦争に発展する可能性が高くなるわけです。

というのも戦争は、経済にとっては大変プラスの面も持っているからです。なぜかと言えば、国が一番お金を使うのが戦争だからです。戦争は挙国一致であらゆる産業がこれに向かって奉仕します。血管の中で停滞し動脈硬化を起こしかけていた血液（経済）がどんどん体の中を巡っていく。そうすると、経済は一時的に生き返るのです。

一方で、戦争以外の形で国はお金を使い、経済を豊かにするべきだと主張しているのが、いわゆるＭＭＴ（Modern Monetary Theory）＝現代貨幣理論の人たちです。ＭＭＴ派の考え方を簡単に言えば、自国通貨建てで政府が借金して財源をどんどんつくっても、高インフレにならない限りにおいては財政破綻にはならないというものです。つまり借金してでも国はお金を使えという理論です。新しく出てきたアイデアではなく、基本的なコンセプトは昔からある考えですが、世界的に債務が増え続け、資本主義の立て直しが迫られている現在、大きな注目を集めています。

世界は「失われた30年」に向かう？

近年、ジャパニフィケーションという言葉が囁かれるようになりました。ひと言でいえば、「世界の日本化」ですが、実はあまりいい言葉ではありません。日本がバブル崩壊後に「失われた30年」に見舞われたように、世界経済がこのまま「失われた30年」に入るという意味です。少なくともヨーロッパはすでに入っているかもしれません。今年（2019年）7月、ドイチェバンク（ドイツ銀行）が1万8000人に及ぶ大リストラクションを行い、グローバル株式事業から完全に撤退すると発表しました。ドイチェバンクに限った話ではなく、どこの国の金融機関も低金利で青息吐息の状態が続いています。では、なぜ金利が上がらないのか？　インフレーションが起きないからです。これでは上がりようがない。結局ヨーロッパはもうほぼ日本と同じ状況にあり、金融緩和しても成長が見込めません。つまりデフレ化してしまっているという状態に陥っています。

アメリカもそうなる可能性があります。アメリカ経済は今、絶好調なはずなのに利下げしようとしています。株価が最高値を更新しているのにもかかわらずです。これはインフレにならないからです。理由はいろいろあります。

さきほども述べましたように、ミレニアル世代が置かれている経済的な状況の厳しさ、これはやはりグローバル化がもたらした弊害と言っていいでしょう。

もうひとつ考えられるのは構造的なものです。デフレ要因がここ30年間でいくつか出てきています。その象徴というのが実はインターネットなのです。たとえば、スマホというツールは、最大にして最高のフリーエンターテインメント（無料の娯楽）であるという私の意見に異論のある人はほとんどいないでしょう。今、ネットがあれば、必要最小限の情報はすぐに得ることができます。音楽や動画はYouTubeで楽しめばいいし、無料のゲームもいっぱいあります。スカイプのようなサービスを使えば電話代なしで世界中と通話ができます。よく活字離れなどと言いますが、若者がこれだけ一日中、ブログやSNSに接しているわけですから、読むという能力は衰えていないはずです。ただ、購読料のかからないインターネットサービスの隆盛で雑誌や新聞などの活字メディアが売れなくなりました。デフレ期に登場したインターネットはますますデフレを加速させているのです。

スマホという電子機器のもうひとつのデフレ的な特徴は色々な機能を持ち合わせていることです。スマホとは電話であると同時にパソコンでもあり、ゲーム機でもあり、カメラでもあります。昔は、これらの機材はすべて別々に購入しないといけなかったのに、今はすべて一台で足りてしまうのです。

マトリックス社会が製造業を奈落に落とす

いわゆる巨大グローバル企業――アマゾン、フェイスブック、グーグル（親会社はアルファベットと言いますが）――、これらの巨大企業は非常に便利で世の中を大きく変えていますが、一方で日本の製造業、販売業の力を削いでいるのも事実です。

アマゾンは便利ですが、みんながアマゾンや楽天で注文してお店に行かなくなると結局は小売店はどんどん潰れていくしかありません。まず町の商店街の維持が厳しくなります。アマゾンの一番の被害者は書店だと思いますが、書店が潰れ、文具店が潰れ、次に日用雑貨のお店が潰れ、靴屋や衣料品店が潰れ、商店街は櫛の歯が抜けたようにシャッターだらけになって、残るのはクリーニング店と美容院だけになります。当然、巡り巡って製造業に打撃を与えることになります。たとえば、十万人規模の社員・パートを抱える大手アパレルメーカーがひとつ倒産するだけで、かなりの失業者が出るわけです。

これに関しては、店舗で買うと税金が安くなるなど、国がある程度のセーフティネットを用意するべきだと思います。

実店舗、あるいは印刷物がなくなると、人々の情報収集の範囲は極端に狭められてしまいます。

インターネットは行き先を知っていれば便利なツールであることに異論はありませんが、ただ行き先をあえて探さないで全体像を見るためには店舗に行って実物を見るのが一番です。私はいろいろな講演でも話すのですが、たとえば、欲しい本をAmazonで手に入れても、書店でその隣に置いてある本はわかりません。案外、自分の欲しい情報の隣に投資のヒントがあることが多いのです。新聞もネット配信だと人気のある記事にばかり目がいきます。しかし、小さな記事のなかにもあなたの興味を引くニュースがあるケースが多いのです。自動車のナビと紙のマップの比較もいい例です。行き先を知っていればカーナビほど便利なものはありません。しかし、全体を見渡すには地図の方がいい。予期しない情報を得られるのが現物の利点です。そのためにも印刷物に目を通す習慣は捨てないでほしいと思うのです。

インターネットというのは無料でエンドレスなエンターテインメントを提供しています。たとえば、ゲームにしても、VR（ヴァーチャル・リアリティ）にしても、無料で好きなときに好きなだけ楽しむことができます。

人間が宇宙に行くのは大変でも、VRだったら誰でも宇宙旅行を疑似体験できます。その意味で今日的なテクノロジーというのは、外向きよりも内向きの方が開発スピードが速いのです。いずれセックスもVRで済ます時代がやってくるかもしれません。ヘッドセットを装着すれば、ゴーグル内にカスタマイズされたその人の理想の異性がいて、優しくベッドに誘ってくれる。わざわざ出会いを求めて出かけたり、デートにお金を使うこともありません。口説く手間も振られるリスクもなく、手軽に「恋人」との熱い逢瀬を楽しめる。そんな時代もくるかもしれません。

そうなると、人類はもう映画『マトリックス』のような生活を送っているかもしれません。若者はますます家に閉じこもり、自動車も家も買わなくなり、少子化が進むでしょう。デフレが進み、現在の資本主義体制が危機的な状況に陥る可能性があります。

これを打開するには、やはりある程度、国がミレニアル世代の救済を考えるしか方法はないと思います。バーニー・サンダースが言うような、奨学金のライト・オフなどは大いに検討すべきでしょう。本来教育というのは無料でもいいと思います。それが無理なら、特待生制度を拡大し成績優秀者を優遇する。その代わり、落第生や学校に籍だけ置いて遊んでいる学生から授業料をたくさん取ればいい。そうなれば、みんな必死に勉強します。

とにかく、40歳前の若い世代がもっと消費に参加することを考えなくてはいけません。

ＧＤＰ成長率を妄信するな

もうひとつ、世界経済の低迷の理由のひとつと考えられることがあります。それはＧＤＰ成長率という得体の知れないものにこだわりすぎたという点です。

そもそも私自身、英語頭文字の３文字言葉というのはあまり好きではなくて、どこか怪しいという認識をもっています。ＧＤＰもこれを英語でいうと、Gross Domestic Product（国内総生産）です。でも、本質から言えばGlobal Debt Problem（世界的債務問題）ではないかと思っています。ＧＤＰ成長率だけを気にして、結局は借金しまくって粉飾に走る。特に新興国の状況は深刻です。実は中国もこの罠にはまっていると思います。見た目のＧＤＰ成長率６％を維持するために、無茶して数字を動かしてきたのです。その無茶はいつかほころびを見せます。

たとえば、日本を念頭に考えてみれば、別にＧＤＰの数字が上がろうが、国民ひとりひとりの生活水準が上がらなくては、本当の意味での「豊かな国」とは言えないわけです。世界の債務が20年で３倍になったという背景には、このＧＤＰにこだわり過ぎていたという部分もあるのではないかと思います。

現在IMF（International Monetary Fund＝国際通貨基金）であったり、世界銀行であったり、それこそWTO（World Trade Organization＝世界貿易機関）やOECD（Organisation for Economic Co-operation and Development＝経済協力開発機構）といった、いわゆるグローバル化の象徴である国際的金融機関が、グローバル化の終焉を見るように信頼を失墜させています。

中国の主導で、AIIB（Asian Infrastructure Investment Bank＝アジアインフラ投資銀行）というお手盛りの国際銀行が設立されましたが、アメリカと日本が不参加を決めていますし、その前途は洋々というわけにはいかないでしょう。

グローバルとユートピア

不思議なもので、グローバルという言葉は、ソヴィエト連邦崩壊、米ソ冷戦終了後に一般化され、もてはやされるようになりました。世界はひとつでなくてはいけないという発想は、本来は共産主義の発想です。だから左派が掲げるアンチ・グローバリズムには違和感を覚えるだけで、説得力に欠けると思っています。

共産主義の理念は、富を国家が管理し、人民に平等に分配して貧富の差を無くすというものですが、これは一国では完成しません。なぜなら、地球上には富める国と貧しくて食べることもままならぬ国があって、決して平等ではないからです。

かくて永久革命論が生まれました。各国で次々と革命を起こさせ、世界中の富を再分配する、いわばパンケーキを作るように世界の経済を真っ平にして、はじめて共産主義的ユートピアが完成するのです。

先に私は、多民族国家は国をまとめるための強烈なイデオロギーを必要とすると述べましたが、全世界を広大な多民族国家と考えれば、それをまとめるための強烈なイデオロギーが共産主義だったと言えるのかもしれません。

しかし、ロシア革命から100年、地球上のどこにそんなユートピアが現れたでしょうか？共産主義国は貧富の差を無くすどころか、一党独裁のもと、赤い貴族と奴隷人民という「階級」を固定化させ、「パンよりも兵器」の軍拡に走り、人民を恐ろしい監視社会の檻のなかに閉じ込めただけでした。彼らの掲げた理念と正反対の結果だけを残して共産主義は終了したのです。世界をひとつにするという壮大な実験は失敗に終り、気がつくと無数の死体の山があっただけでした。

本来ならソヴィエト連邦が崩壊し、ベルリンの壁が崩れた時点で、「世界をひとつに」などという幻想もまた捨てなくてはならなかったはずです。しかしながら、米ソ冷戦終結を待っていたかのようにしてグローバルなる言葉が登場しました。グローバル幻想は形を変えた共産主義であり、実は共産主義は未だ死なずという逆説的な警告と受け取った方がいいのかもしれません。グローバリズム礼賛は、死にかけた共産主義者たちが、21世紀の今日に仕掛けた復讐の罠だったのです。

新冷戦時代を迎え、われわれは改めてグローバル幻想にさよならをいうべきでしょう。

トランプが迫る選択とは

トランプ大統領が各国の首脳に問おうとしていることは実にシンプルです。中国につくのか、それともわれわれアメリカの陣営に入るのか。これに尽きます。

これに関して見誤ったのが韓国の文在寅大統領です。もっともアメリカをいら立たせていたのは、彼だけではなく前任の朴槿恵政権も同じでした。朴槿恵はあまりにも中国べったりで、文在寅はあまりにも北朝鮮にべったりだったのです。アメリカは時の大統領、李承晩の要請で朝鮮戦争に参戦し——これは事実上、米中の直接戦争でした——3万6000人の戦死者を出しています。つまり、アメリカからすれば韓国というのは、自国の青年が血を流して守った土地です。前章でも触れましたが、アメリカ人は、自国民の戦死をもっとも嫌います。もし戦死があったときは、それに見合う正義と栄誉がなくてはなりません。文在寅政権がこのまま北の主導により呑み込まれる形で統一へ向かうことは、アメリカにとっては3万人以上のアメリカ兵の正義と栄誉を踏みにじられたにも等しい裏切り行為にほかならないのです。

実はトルコもまた同じような選択を迫られているのです。トルコはまだ、この新しい時代のリアリティが読めていません、立ち位置をはっきりさせていないのです。トルコは中国やロシアとの自由貿易の恩恵を受けてきました。エルドアン大統領になって、トルコリラの暴落もあり、よりいっそう中国傾斜を加速させています。以前は同族であるウイグル人の虐待に関して、中国を非難する立場を鮮明にしていたのに、ここへ来て彼は、「新疆ウイグル自治区の多様な民族が、中国繁栄の恩恵を受けて幸せに暮らしている」などという信じられない発言もしています。もっと許しがたいことにトルコに亡命しているウイグル人の活動家を中国政府に引き渡してしまいました。

トルコは中国と同時にロシアとも関係を深めています。まさかのこのタイミングでロシアから兵器（S400＝ロシア製最新防空ミサイルシステム）を購入し、アメリカを慌てさせました。NATO（北大西洋条約機構）の重要な一角であるトルコが、仮想敵国であるロシアから兵器を購入する。悪いジョークではないかと言いたくもなります。

先の大阪G20でエルドアン大統領と会談したトランプ大統領は席上、「（トルコがロシア製兵器を購入したのは）オバマ政権のせい」と、オバマ時代にアメリカがトルコにミサイル迎撃システムを売らなかったのが原因だとして、トルコの立場に一定の理解を示しましたが、彼の腹の底まではわかりません。中国包囲網という大テーマを前にして、ここはトルコにへたに制裁を科すよりも手なづけておいた方が得策とみたとも考えられます。とりあえず、アメリカはF35ステルス戦闘機のトルコへの売却を棚上げにしました。

兵器ビジネスのリアリズム

アメリカはこれからも各国に対し、米か中かどちらのサイドにつくのか、踏み絵をふませる気のようです。むろん、その先にはアメリカの巨大な兵器ビジネスがあるわけですが……。やはり、軍需産業というのはアメリカの基幹産業で、トランプは長く低迷していたそれを見事に復活させた大統領です。サウジに兵器を売り、台湾に売り、もちろん日本にも売りました。トルコをとことんいじめないのも、いずれはアメリカ製の兵器を大量購入してもらいたいからです。その意味で言えば、やはり彼は優秀なビジネスマンなのでしょう。

こんなことを書くと、日本のリベラルを自称する人からは「死の商人」云々という言葉が出てきそうですが、そういう情緒的な論法はときに国際情勢のリアルから目をふさいでしまいます。旅客機の安全な航空に欠かせないレーダーも、日常的に誰もが使っている電子レンジや携帯電話も、もとはと言えば、軍事目的で開発されたものか、その途上で副産物的に生まれたものです。インターネットを開発したのはペンタゴン（米国防総省）でした。つまり、われわれの生活のなかに、〝軍需産業〟はしっかりと入り込んでいるのです。

それはともかく、アメリカの要請によっては、新興国にとってかなり難しい決断を迫られることになるでしょう。おそらくそれらの小国は米中どちらからも援助や融資を受けているはずです。たとえば中国側につくとなれば、アメリカによる何かしらの制裁を覚悟しなければなりませんし、アメリカ側に身をおけば、中国の貸しはがしの恐怖に怯えることになるでしょう。酷なことと思いますが、これはもう避けられないことだと思います。

日米の半導体産業は蘇生する

米中冷戦は、日本の製造業に恩恵をもたらすはずです。ブランド物のバッグから100円ショップまで、日本中にメイド・イン・チャイナがあふれているのは、安い人件費を求めて大中小企業がこぞって中国に工場を置いたからです。そのために日本国内の産業の空洞化が進み、雇用が激減しました。その中国も人件費が年々上がり続け、また賄賂、ストライキ、技術流出などのカントリー・リスクもあって、ユニクロなど一部企業がベトナムなどの東南アジアに生産拠点を移し始めているのはご存知かと思います。アメリカの仕掛けた関税攻撃がこの傾向により拍車をかけていくことでしょう。もはや、中国は「世界の工場」の役目を終えてしまったのです。軽工業は東南アジアに任せるとしても、重工業やIT産業などの生産は日本国内に戻ってくる可能性が大いにあります。となれば、雇用も増えることになります。問題はコスト面ですが、詳しくは第3章で述べますが、実は日本で生産をした方が安いのです。

今も記しましたように中国という国はカントリー・リスクが多すぎるのです。工場ひとつ建てるのにも何人もの役人に袖の下を渡さないと許可が下りません。従業員のスト、サボタージュは日常的で、知的財産権は守られないし、撤退するときも契約で生産ラインごと工場はそのまま置いていかなくてはいけません。結局、それらのマイナス要因を足し引きすれば、日本で生産しても総合的なコスト面はそんなに変わらない、いや運賃を考えれば、むしろ安いくらいだと、いまさらながらに気づいている経営者も多いのです。気づいたのなら、一日でも早く沈みゆく船から逃げ出したほうがいい。今まで投資したぶんを少しでも回収しなければと多くの経営者は考えていますが、引き際を誤ると傷を広げるだけです。

消費増税から見る歴史の既視感

2019年10月の消費増税について私はソーシャルメディアや講演活動を通じてずっと反対の意見を述べてきました。デフレ脱却がままならぬ状態での増税は確実に消費の足を引っ張るうえに、グローバル経済が減速しているなかでの増税は大きなリスクであることを指摘しました。しかし、これを言っているのは私だけではなく、色々なエコノミストが同じ警告をしています。そこで、ここは少し私だけの視点もお話させていただきます。

私にはこの消費税の増税が歴史の転換点としてひどく象徴的なことのように思えるのです。むろん、安倍政権がそれを意識して消費税の引き上げを決めたわけではないでしょうが……。

日本が消費税――そのときは3％でしたが――を導入したのが1989年。この年、何が起こったかといえば、11月にベルリンの壁が崩壊し、米ソ冷戦が事実上の終結に向かいました。それに先立つ6月には天安門事件が起こっています。

つまり、30年前（1989年）と今年（2019年）はとても酷似しているというか、不思議なシンクロを描いているのです。天安門事件にあたるのが、香港の大規模反政府デモです。ベルリンの壁崩壊の翌月（1989年12月）には日経平均が史上最高値をつけています。そしてその翌々年（1991年）には、誰もが予測すらできなかったソヴィエト連邦の崩壊がありました。

ちょうど30年前に世界的な大変化の最初のドミノが倒れ、そのドミノが冷戦を終結させ、そこからはものすごい勢いで中国とロシアが世界経済に統合されていったのです。それと似た大きなうねりが今、起きようとしているような気がします。私たちはその歴史の転換期にいるのです。

新しい時代、新しい冷戦体制、そして、世界のブロック経済化。

中国は覇権を求めて態度を露骨にしてくるでしょう。彼らが覇権を握るための一番の障壁はアメリカです。アメリカはアジアから出て行ってほしい。そのために南シナ海に進出していますし、南シナ海の島に軍事基地を造っているのです。アメリカと中国が今までどおりに自由に貿易して経済発展させていくという動きは完全に終わりとなりました。中国にこれ以上力をつけさせると、アメリカは本当にアジアにいられなくなるでしょう。

第三章

ジャポニスムの再来と日本の復興

「日本」は信用のブランドである

日本人は日本のバリューを正しく評価する必要があります。日本は世界の人々にとっていろいろな意味で魅力にあふれる国なのです。

バブル崩壊後、日本人はすっかり自信を失ってしまったようですが、この国の底力を過小評価してはいけません。再生、復活はもう始まっているのです。

世界が日本に注目しています。「日本」はそのまま世界のブランドです。

日本のウイスキーの世界的な人気が最近話題になり、実際有名な日本ブランドのウイスキーが手に入らなくなって価格が高騰しています。実は日本製ウイスキーの人気はほかの分野で今後起こることの予兆にすぎません。石光商事という商社があります。もともとはコーヒーの輸入などを手掛ける小さな会社でしたが、近年、日本の水産物などを海外に輸出することで急成長をしています。特に人気の商品は日本酒です。同社の日本酒ボトルはワインのようでとても洒落ています。コーヒーの輸入代理店だった同社は今では輸出も手掛けています。コーヒー豆自体はブラジルで栽培されていますが、日本企業の品質管理のもと、世界の市場で勝負できるほどに質が向上したのです。「白兜」と名付けられたコーヒーのパッケージは桜とサムライがさりげなくデザインされていて、見た目も非常に可愛らしい。

私は1970年代後半から世界を圧倒したメイド・イン・ジャパンが再び勢いを取り戻しつつあるのではないかと考えているひとりです。2011年に象徴的な出来事が起きました。アメリカの世界的なパソコンメーカーであるヒューレット・パッカードが、中国に置いていたノートパソコンの工場を東京に移して生産を開始しました。ヒューレット・パッカードが生産しているパソコンには「MADE IN TOKYO」と書かれています。同社がきっかけになったわけではありませんが、その後も、海外移転していた企業の国内回帰が続いている状況です。

理由としてはまず、中国の人件費の高騰とカントリー・リスクが挙げられます。そしてそれ以上に、製造コストを構成する要素は人件費だけではないということに経営者が気づき始めたことも大きいのです。たとえばヒューレット・パッカードの場合は、中国の工場で生産すると納期は2週間です。しかし、日本の工場だと5営業日に短縮が可能なのです。つまり、在庫を持つリスク、売れ残りのリスクが減り、代理店の売り上げがアップし、リスクの低減につながるわけです。さらに注文仕様生産――例えば、顧客がプロセッサーやハードディスク、メモリーなどの仕様を全て指定して、カスタムメイドで発注する――の場合、究極のカスタムメイドとなると理論的には仕様の種類が1700万通りにもなります。それに対応するためには、営業と現場が日本語を使って正確かつ高度なコミュニケーションを取ることが必要となり、日本国内での生産でのみ対応が可能なのです。中国工場だと複雑なカスタマイズに応じることは難しい。つまり、エンドツーエンド（端から端まで）で見たときにはトータルコストは日本で作ったほうが安いということになります。

トータルコスト——これからの世界の経済を語るうえでとても重要なキーワードでありコンセプトです。トータルコストというのは単純に製造コストを言うのではなくて、人件費や原料費、それにトランスポーテーション、つまり、中国で作った製品をアメリカなり日本に運ぶ費用、あるいは作った製品のクオリティー、たとえば不良品やバグなどの確率やそれらが出た場合の交換の手間暇といった総合的なコストという考え方です。

今、世界中がオンデマンドビジネスの時代に入ろうとしています。つまりカスタムメイドです。お客さんの要望が細かい。大量に既製品を作っても売れる時代ではない。そういう細かい対応に日本人はとても適しています。これは多くの外国人が認めることです。

それらをもろもろを考え合わせた場合には、トータルコスト的に、製品は日本で生産したほうが安いということになります。今、各メーカーもそれに気づき始めたのです。

トータルコストという考え方

私は、トランプ政権が行っている対中貿易戦争も、もしかしたら、そういったものを担保にして戦略が練られているのかもしれないと考えています。アメリカの企業に、トータルコストは自国で作ったほうが安いと気づかせること。それを半ば強制的にやらせるために関税で中国を締めあげ、企業の国内回帰を促進させる。貿易戦争は中国を攻撃するためのように見えるのですが、本当は自国の企業の尻を叩き、鼓舞しているのかもしれません。

トランプ政権に関しては、国内でも自国の企業と消費者をいじめ過ぎという批判がありす。短期的に見ると確かにそのとおりです。しかし、長期的な視野に立って見ると、トータルコスト的にはアメリカの産業を助けることになるのがわかります。サプライチェーンをアメリカに戻すことができれば、産業は必ず生き返ります。要するに今は産みの苦しみのときなのです。

実は、日本ではすでにそれが起きていると私は見ています。それもアメリカのような強硬的な形でなく、あくまで自然分娩的に。なぜそれができるのかと言うとまず、日本はアメリカと比べ距離的に中国に近いので移転がしやすいという利点があるからです。もうひとつの大きな理由として、日本人やドイツ人は製造業における細かい物づくりには長けている民族だということがあります。職人、マイスターの国です。これが最大の強みになっています。当然ですが、同じ設備をそろえても海外で日本と同じクオリティーの製品ができるとは限らないのです。

２０１５年に経営破綻してしまった江守ホールディングスは中国に入れ込みすぎたことが失敗の主因でした。東証一部上場で老舗の化学薬品商社でしたが、平成６年ごろからどんどん中国に進出して業績を伸ばしました。結果として中国向けの売り上げが全体の７割を占めるようになりましたが、中国の大口取引先から代金回収が行えず、破綻してしまいました。最初は中国ビジネスは儲かっているように見えましたが、結果的にその代償が大きかったのです。つまり、この会社にとって中国進出のトータルコストはとてつもなく大きかったということになります。

世界の企業が日本回帰を始めた

日本企業だけではありません。アメリカ企業も日本の市場を見直すようになりました。アメリカ文化を代表する３つのものを挙げるとしたら、ハンバーガー、コーラ、ジーンズでないかと思います。ジーンズと言えば世界的なブランドでジーンズそのものの発明者でもあるリーバイ・ストラウスが最初に頭に浮かびます。実はリーバイ・ストラウス・ジャパンは日本で上場しています。そして彼らは直営、フランチャイズ共に、「メイド・イン・ジャパン」を全面に出した販売戦略を行っているのです。

ジーンズの本場アメリカの、しかも老舗中の老舗であるリーバイスが日本製ジーンズを売り出しています。ホームページから直接ことばを借りれば『「ＭＡＤＥ ＩＮ ＪＡＰＡＮ」というワードが、良質なことを意味することは今も昔も変わりません。世界的にも有名な日本のデニム作り。そこにリーバイス®が持つアメリカンスピリッツを掛け合わせると、なんとも言えない良い雰囲気を纏ったジーンズが生まれるのです』と言っています。日本人の誠実なものづくりの姿勢とクオリティーの高さが認められたということでしょう。

企業ではありませんが、もうひとつ象徴的だったのは、ビル・ゲイツが軽井沢に巨大な別荘を建てたことです。

最初にこの噂を報じたのは「プレジデント」誌の２０１４年12月29日号でした。地元では２０１２年の冬ごろからすでに騒がれていたと言います。２０１２年と言えば、震災と原発事故が起きた３・11の翌年です。関東から東北は放射能に汚染されて人が住むことができないという無責任な風評が立ち、日本行きを敬遠する外国人も少なくなかったときにあえて、世界一の大金持ちでＩＴ革命を起こしたパイオニアのひとりでもある人物が軽井沢に別荘を建てる。それは世界が決して日本を見捨てていないという意思表示でもあったのです。

アメリカの企業だけでなく、中国企業も最近「メイド・イン・ジャパン」に相当こだわっています。家電量販店として有名なラオックスはご承知のとおり、現在は中国の蘇寧《そねい》グループの傘下にあり、社長も中国人です。その社長は自らの販売戦略を明かし、ジャパンプレミアムとして訪日客が価値を見いだす日本製品に徹底的にこだわると述べています。つまり、今後も可能な限り日本製で店内を埋めたい、中国製や韓国製ではなくやはり多少高くても品質に定評のある日本製家電を主力にすると言っているのです。特に外国人客にとって日本製家電は一級のブランドなのです。

さらにファーウェイも、日本の進んだ技術と人材を活用することで５ＧやＩｏＴ（モノのインターネット）などの新技術を開発するために、日本の千葉に新工場を建設する予定で、新卒の技術者に通常の倍の給料を出すという募集広告まで出しています。

アメリカの代表的な会社や中国のメガ企業が同じタイミングで、やはりメイド・イン・ジャパンは信頼が高い、メイド・イン・ジャパンに特化したセールス・コンセプトでいこうとなったのは、冷戦に突入したタイミングで、日本人気が世界的に高まっているという証です。
今述べた一連のこと――すなわち、日本人気の高まり、米中企業のメイド・イン・ジャパンへのこだわり、日本企業の国内回帰――これらを別個の事象と考えないで、ひとつの大きな時代のうねり、パラダイムととらえるべきだと私は思います。トレンドという言葉を使ってもいいかもしれません。そのトレンドを私が塾頭を務める複眼経済塾では「ジャポニスムの再来」と呼んでいます。

150年前の日本ブーム

ジャポニスムとは何かと言えば、1860年代からヨーロッパを中心に盛り上がった日本趣味のことです。この動きは1860年代から徐々に機運が高まって、1880年代、90年代に最高潮に達したのち、1910年代に衰退、退潮していきました。

日本の文化が世界に紹介された最初のムーヴと言ってもいいでしょう。日本の株式市場のスタートは1878年です。つまり、欧州の日本ブームとほぼ同時に始まったことになります。スタートと共にずっと上昇相場となりました。実際、衰退し始めたのは日露戦争のあとです。日本の経済、そして、日本の株式市場の動きとジャポニスムの盛衰はみごとにシンクロしているのです。

当時のジャポニスムはエキゾチズムの要素が大きな部分を占めていましたが、そういった情緒的なものだけに終わらず、そこに見られる造形原理、新しい素材や技法、その背後にある美学または美意識、さらに生活様式、世界観を含む広い範囲にわたる日本への関心および日本からの影響を含んでいました。

ジャポニスムがフランスの印象派絵画に大きな影響を与えたことは有名な話です。たとえば、ヴァン・ゴッホの『タンギー爺さん』の背景には浮世絵が配置されています。クロード・モネの一連の睡蓮をモチーフにした作品も背景は浮世絵ですし、とりわけ『ラ・ジャポネーズ』はその名のとおり彼の日本趣味の結晶と言ってもいい作品です。ゴッホに関しては1855年から当時の北斎漫画をこつこつと手に入れていたと言います。初めて北斎を見たとき、表現の豊かさと構図や色彩の大胆さに大変な衝撃を受けたそうです。

ヨーロッパの人々を驚かせたものと言えば伝統的な陶磁器があります。日本美術の造形原理、その大きな特徴のひとつはア・シンメトリー（左右非対称性）です。加えて、自然で微妙な歪み。きっちりと型にはまらず、流れていく時間を切り取ったような意匠。それでいてどこか様式的で非常にリッチな色彩感覚。これらはすべて日本人の自然観、自然崇拝からはぐくまれたものです。日本美術は平安時代から自然を中心として描かれています。自然というのは常に変化します。非対称ですし、歪みやかすみの妙があります。浮世絵の独特のグラデーションがまさにそれです。あいまいなもの、変化の過程に存外の美を見出すのが日本人なのです。

一方、西洋美術というのは人間中心的な世界観です。描かれる自然も神話として擬人化されています。ルネッサンス美術に登場する神様のイメージは非常に肉感的です。だからこそ、西洋人の目には、自然と共存する日本の美意識は新鮮かつ衝撃的だったと言えます。美術品だけではありません。日本では日常的に使われるちょっとした工芸品、今記した陶磁器、壺や花瓶のような焼き物や、扇子、櫛、簪《かんざし》などに見られる繊細なデザインや細工は、アール・ヌーヴォーと呼ばれる一連の芸術運動の特徴である植物的なウェーブや動物・昆虫をモチーフとした意匠としてヨーロッパに移植されました。

廃仏毀釈と伝統美術の危機

ジャポニスム以前にもポルトガル人やオランダ人によって、日本の美術品や陶磁器、刀剣などがヨーロッパに伝えられています。しかしそれは東インド会社を通してオランダに伝わったもので、それほど大きな広がりは見せませんでした。記録によると１６５０年から１７５７年までに約１２３万個の有田焼が日本からヨーロッパに送り出されたとあります。

有田焼以外でも陶磁器や生活雑器が大量に輸出されています。ヨーロッパではそれら日本の焼きものは食器ではなく装飾品として、主に上流階級の人々に愛されたと言いますから、その芸術性は推して知るべしです。さらに驚くべきは、当時の日本ではカスタムメイドに応じていたというのです。例えば、オランダ東インド会社が発注した陶磁器にはＶＯＣのデザインがあります。ＶＯＣはオランダ東インド会社「Verenigde Oost-Indische Compagnie」の頭文字で、デザインも会社のロゴです。

アメリカにもプレ・ジャポニスムと言ってもいい、日本の美術や工芸品を愛でる小ブームがあったことはあまり知られていません。１８５３年に黒船が来航し、翌年、１８５４年に日米和親条約を結んで日本は開国しました。その際の遠征記録のなかでペリーは歌川広重の『京都名所之内淀川』について触れています。また、大森貝塚を発見したモースの後輩であるフェノロサという学者は岡倉天心らと共同で、廃仏毀釈《はいぶつきしゃく》（王政復古にともない、神道を仏教の上位に置く考え方や運動）で壊されそうになった伝統美術品の保存に努めました。

当時は行き過ぎた文明開化思想のあおりで日本の美術品、とりわけ仏像や仏教美術の多くが焼かれたり、あるいは二束三文で売りに出されたりしましたが、それを外国人が頑張って保存しようとしたのです。つまり、日本人自身が日本の美術品や日本製品の良さには気がつかなかったと言い換えることもできます。明治維新後の文明開化で西欧の未知の文化、価値観がどっと日本に入って来ましたが、それに呼応するように、日本の伝統的な大衆文化は古臭いもの、低俗なものと、切り捨てられる風潮があったのです。パリの多くの画家に愛された日本の浮世絵も当初は陶器を包む包装紙として海を渡りました。それは美術品としての評価は与えられていなかったことを意味しています。

日本を愛した明治の外国

もうひとつ、アメリカでジャパニーズスタイルを普及させているのはティファニーです。ティファニーはスプーンやティーカップに竹やあやめなどの日本的な文様を積極的に取り入れたことで知られています。ボストン美術館には、日本の、および日本に影響を受けた美術工芸品だけで10万点のコレクションが収蔵されているそうです。

イギリスのジャポニスムは、１８６２年、ロンドン万博に初の日本ブース、日本セッションが出展されたことを嚆矢《こうし》とします。西郷隆盛や伊藤博文といった幕末の志士や明治の元老とも親しかった英国公使・アーネスト・サトウが浮世絵の名作を多数持ち帰りました。サトウはＳａｔｏｗというドイツもくしはスラブ系の名前で、彼自身に日本人の血は入っていませんが、大の日本びいきで、好んで「佐藤」を名乗ったほどでした。夫人は日本人です。

１８８５年には、ロンドンでオペラ『ミカド』が初上演され大成功を納めます。Ｍｉｋａｄｏ＝帝、すなわち天皇です。やはり日本趣味として知られるプッチーニ作曲のオペラ『蝶々夫人』の初演は１９０４年ですから、それより約20年早いことになります。

三井邸や三菱一号館、二号館、あるいはお茶の水のニコライ堂などの設計で知られるイギリスの建築家コンドルは浮世絵師・河鍋暁斎《かわなべきょうさい》の門下で日本画を習っており、「昆徳爾《こんどる》」の落款《らっかん》を残しています。また、コンドルは日本舞踊や落語にも親しみ、造詣が深かったと言われています。

ネオ・ジャポニスムの時代

ジャポニスムについて詳しく書けば、それだけで軽く一冊の本になりそうですし、本書の本筋でもないので、ここで話を戻します。

私が言いたいのは、ジャポニスムが1860年に始まって1910年まで約半世紀にわたって西欧諸国のトレンドだったことと似た動き、今現在、ネオ・ジャポニスムとも言えるメガトレンドがすでに始まっているのではないかということです。それは何かと言えば、先のリーバイスの話にも出てきたような外国企業のメイド・イン・ジャパンへのこだわり、外国人による日本観光への人気の高まり、そして、日本のコンテンツ産業――アニメ、マンガ、ゲーム――が世界を圧倒するという現象の数々です。1878年に東証の前身である東京株式取引所（東株）の株取引が始まり、同じ時期にヨーロッパで日本人気が高まりました。そのトレンドはちょうど40年間続いて、1910年ぐらいには日本人気が衰退していき、同時に日本株も崩れていきました。今回も、実は同じようなことが起きているのではないかと思っています。

面白いのは、明治の時期に日本では浮世絵の評価は低く、包装紙として海外に出ていったのと似ていて、今をときめく日本のアニメ・コンテンツもかつては日本での評価は低く、代理店を通してグロスで海外に売り投げられていたという事実です。まだホームビデオが登場する前の話で、ソフトを売るという発想もなく、テレビ番組というのは本放送のあと、せいぜい1、2度再放送して消えていくものだという考え方が主流でした。何よりも、アニメというのは子どもが観るもので、大人向けのシリアスなドラマよりも一段も二段も下に見られていたのです。

アメリカやヨーロッパでは、その安く買い叩いた日本製アニメをプログラムの穴埋めとして、繰り返し放映していました。ちょうど夕食の支度にとりかかる時間帯で、主婦たちはアニメを子守代わりとして重宝していました。ですから、今の欧米の中年以下の年代のほとんどの人は日本のアニメを観て育ったと言っても過言ではないのです。

歌舞伎とジャパニメーション

〝anime〟という和製英語（?）が一般的になる前は、海外のアニメーション関係者やマニアの間では、日本製アニメをjapanimation（ジャパニメーション）という造語で呼ぶ傾向がありました。この語には多少の揶揄も含まれています。いわく、ジャパニメーションは動きが少ない。はなはだしいときは、人物の口だけが動いていると。かつては（今もそうかもしれませんが）ディズニー作品をはじめとして、1秒24枚のセル画で構成されるフル・アニメーションを王道とする考えが支配的でした。キャラクターをできるだけ実写に近いリアルでかつ滑らかな動きで再現することに力点が置かれていたのです。これに対し、1秒12枚のセル画による簡略的な動きで作られたのがリミテッド・アニメーションです。日本のテレビアニメーションはさらに枚数が少なく通常は1秒8枚で作られており、当然ながらフル・アニメーションにくらべ動きはぎくしゃくしたものになってしまいます。なぜリミテッド・アニメーションやジャパニメーションがセル画枚数を少なく抑えているのかと言えば、もちろん製作時間とコストの関係です。1963(昭和38)年1月に日本初の連続長編アニメ『鉄腕アトム』の放映がフジテレビ系でスタートしましたが、当時、毎週30分枠のシリーズアニメを製作するには大卒の初任給が18930円の時代に1000万円かかるとされていました。

フル・アニメーションよりも一段低く見られがちなリミテッド・アニメーションでしたが、日本のアニメは動きが少ないという欠点を克服するために、作家が工夫を凝らし、キャラクターの魅力、脚本の面白さ、それに演出の妙に重点を置くことで独自の進化を遂げていったのです。たとえば、投手がボールを投げる動作も、フル・アニメなら滑らかな動きでリアルに再現するところを、日本式アニメではボールを持って振りかぶるところで一旦動作を止めて、独特の「溜め」を作り、背景を激しく変化させたり、イメージカット的なものを挿入するなどして何とも言えない迫力を出すことに注力したのです。途中で動作を止めて「溜め」を作るのは、歌舞伎の「見栄」に通じるものがあります。背景を変化させるのは、やはり歌舞伎の「振り落とし」にも似ています。つまり、非常に日本人的な発想や感覚です。フル・アニメーションが劇映画的なリアルな演技を目指しているのに対し、ジャパニメーションは歌舞伎的なディフォルマシオンの演技を模索した、と言えばわかりやすいかもしれません。手塚治虫はこれらにより製作費を約150万円まで圧縮できたようです。想像力を最大限に使うことによって実現したコスト削減。まさに戦後の日本を象徴しています。

投手が投げたボールがおもちのように変形し、一旦バットにへばりつくようにして弾け飛んでいく演出などもユニークです。リアルな動きという観点で言えば、あれは肉眼で見るリアルとはかけ離れていますが、おそらく高速度カメラでとらえれば、バットにヒットしたゼロコンマ何秒という瞬間、ボールはあのような変化をしているのかもしれません。そう言えば、葛飾北斎は波の画家といわれ、彼の「波」は高速度カメラの目で描かれているとよく評価されます。当然、彼の生きていた時代にカメラもビデオもなかったわけですから、その一瞬を切り取り、絵として二次元に定着させた彼の目と感性には、ただただ脱帽させられるばかりです。また、北斎は雨を斜線で表現した世界最初の画家だそうです。まさにマンガ表現の先駆けです。

こういった日本人独特の感性で創られたアニメが海外で再評価され、そして一大ブームとなっていったのです。アニメーション（animation）はアニミズム（animism）と語源を一《いっ》にしているとも言われています。アニミズムとは森羅万象に神（魂）が宿っているという思想で、自然崇拝から出発した日本人の宗教観の根本をなすものです。やはり、アニメーションは日本にこそ向いている文化なのかもしれません。

花札から出発した世界のニンテンドー

現在の漫画に江戸時代の浮世絵の、アニメに歌舞伎の血が流れているとすれば、もうひとつ日本のお家芸であるコンテンツ産業・ゲームのルーツをどこに見出せばいいのでしょうか？　私自身、日本の電子ゲームが好きでいろいろ調べたりしていますが、たとえば任天堂という会社の歴史を見ているうちに面白いことに気がついたのです。

任天堂はもともと京都の会社で、主力製品は花札でした。創業者の山内房治郎氏が花札遊びの好きな人で、それが高じて製造販売を始めたと社史にあります。

花札というものがなぜ日本で生まれたのかと言うと、もともと南蛮人が持ち込んだトランプが江戸幕府によって禁制になり、その代わりとして作られ賭博ゲームの道具として明治期まで残ったというのが定説です。禁制から逃れるために、ハートやクラブの代わりに季節を使い、数字の代りに1月、2月、3月といった月を使ったわけです。結局、幕府の知るところとなり、花札も禁止になったのですが、庶民の間でしっかり生き続けてきました。そして明治政府によって、1886年に晴れて花札の製造販売が解禁されたのです。任天堂はその3年後（1889年）に創業します。

1885年、花札の解禁、2018年、法律上でのカジノ解禁。偶然とはいえよく似ています。まさに任天堂が花札でスタートして、ディストリビューションネットワーク（流通網）を広げて、海外に展開して、おもちゃ――まさに最初のテレビゲーム機は高額おもちゃの代表格でしたが――、そこからゲーム・ソフトのビジネスを展開し事業を拡大していったように、実はカジノ解禁というのも、さまざまな会社やエンターテインメント事業を日本で発展させる可能性があるのではないかと思っているのです。

カジノ解禁は悪いことか

カジノ解禁に関して日本国内でもさまざまな意見があることは承知しています。政府が博打を公認するとは何ごとかという、あくまで倫理的なものを前面に出した反対論から、結局はアメリカの胴元が参入して彼らを儲けさせるだけだという経済効果に対する懐疑からくる反対論まで耳にしています。しかしカジノ解禁はアメリカの強い要望であり、これに逆らうことはできません。自民党だからというのではなく、旧民主党政権でも同じだったと思います。もはや既定路線なのです。黒船が来て開港を迫っているようなもので、避けられないことなのです。ならば、デメリットばかりでなく、メリットの方にも目を向け、より日本にとって有益になる方向に持っていくことを考えるべきではないでしょうか。

賭博がけしからんというけれども、日本中どんな小さな町でも駅前の一等地にパチンコ屋があり、朝から公然と博打が行われているのです。それよりも、横浜や湾岸といった限られた土地にカジノ街をつくり、そこでギャンブルをさせる方が健全ではないでしょうか。風紀の乱れを心配するなら、一定のドレスコードを設けて、紳士淑女の社交場をアピールするというのも手です。カジノができると治安や風紀が乱れると言うなら、モナコ公国のようにカジノを国策産業としている国は、ギャングと麻薬の巣窟になっていないとおかしいではありませんか。ラスベガスはアメリカの大都市よりも、マカオは中国の大都市よりも断トツで安全な町です。たくさんの観光客が安心して訪れることができるように行政とカジノ側が最大の努力をし、安全を確保しています。むしろカジノを禁止するほうが、地下に潜りマフィアの資金源になるのです。アメリカの禁酒法がマフィアの跋扈《ばっこ》を手助けしたという歴史の事実を見れば、それはうなずけるはずです。

２０２２年にマカオのカジノのライセンスはすべて打ち切られます。現在マカオのカジノ市場の規模は4兆円以上で、その70％は米国のカジノ会社が占めています。２０２２年に中国政府とのライセンスを更新しなくてはいけないのですが、もしその間に米中の間に有事かそれに類する事態が発生すれば更新されない可能性もあります。更新されるにしても、米中対立が激化すれば中国政府は規制を強化し、彼らの利益をスクィーズ（押し潰す）する可能性も高まります。その場合、巨額の売り上げをどこで代替するかと言うと、それは日本のカジノということになります。日本にカジノができれば一流のものになるでしょうから、世界中からＶＩＰ客が集まるでしょう。中国政府の監視を恐れてマカオで遊べなくなった中国のお金持ちも近場の日本に来ることになります。ここにも米中新冷戦が日本にもたらす恩恵が見えるのです。

カジノといっても、賭場だけで成立するわけではありません。ラスベガスの例を見るまでもなく、カジノ場の周りにホテルやレストラン、劇場ができる。いわば一大レジャー都市ができるのです。この経済効果は未知数だといえるでしょう。

第二の黒船はチャンスの使者

私は自分のツイッターでも常々言っているのですが、日本は今、第二の黒船の来航を経験しようとしているのです。黒船は未知との遭遇でしたから、脅威も伴いましたが、大きなチャンスでもあったわけです。日本は黒船に開港を迫られ、鎖国を解き、やがて明治維新を迎えて近代化と富国強兵の道を歩んだのです。同時期、ほとんどのアジア諸国は西欧列強の植民地だったことを考えれば、それは奇跡的なことでした。これも黒船来航というピンチをチャンスに変えた結果だと思います。

現在、カルチャーをはじめ、いろんな方面で日本人気が高まっています。外国人観光客もたくさん来ています。そのなかで、ある意味では絶妙のタイミングでアメリカと中国が喧嘩を始めて、しかも香港がカオスになっている。これをどう見るのか？

今までアジアの金融ハブは香港でした。私は長い間野村證券に勤務していて、外国人投資家向けに日本株のセールスをしていましたからよくわかるのですが、いわゆる機関投資家やファンドマネージャーといった日本株の専門家には若い人がいなかった。なぜかと言えば、ここ30年間、日本は長期の低迷期にあり、若い投資家たちは香港株や中国株に特化していたからです。その人たちがたとえば90年代に20代だったとすれば、今は40代後半か50代。株式投資の中心をなしている世代です。日本株に詳しい人というのはもうおじいちゃんと呼ばれる世代、つまり多くはリタイアした人たちです。しかし今後、このトレンドは逆転すると思います。若いファンドマネージャーも日本株に注目するようになるでしょう。

現在の香港のカオスを見ると、おそらくはもっと泥沼化していくでしょうし、中国も本格的に介入を露わにするでしょう。香港から投資家は逃げていくばかりです。

となれば、アジアの金融のハブは香港からどこに移るのか？　それはふたつしか考えられません。シンガポールか？　東京か？　しかし、シンガポールは、実質支配層が華僑であり要は中華圏、広い意味での中国です。結局、グローバルマネーはグレーターチャイナの一部であるシンガポールにも行かない。どこに行くかとなれば東京しかないのです。

この一連の流れはチャンスなのです。日本の経済にとってはおそらく、黒船の到来、朝鮮戦争の特需以来のものすごい転換期であると断言します。それがちょうど、世界的なネオ・ジャポニスムの風潮とぴったり合っていることは本当に興味深いと思います。

平成は種まきの時代だった

現在のゲームなどの日本製デジタル・コンテンツの隆盛は、平成の時代があればこそだと思うのです。平成というのはいろいろな意味で一般的に評価が低い。経済的には、「失われた30年」と言われ、景気が悪化し株価も低迷して就職難でした。東日本大震災をはじめ天災も多く、この時代に産業の空洞化も起きました。製造業では中国や韓国企業にシュアを奪われ、アメリカからも多くの経済戦争を仕掛けられました。

雌伏の時代と言えばそうなのですが、私は今から考えると種まきの時代だったのではないかと思います。実際、日本のコンテンツが注目され始めたのは1990年以降です。80年代、世界から見た日本の印象は、まずはエレクトロニクス、それに自動車などのクールガジェットを作っているというイメージでした。日本映画や日本のポップスといったコンテンツはあまり浸透していませんでした。クロサワ、オヅ、ミゾグチはクラシックで、一部のインテリやマニアが褒めて楽しむものといった感じでした。あとはせいぜいゴジラぐらいでした。当時アメリカだって田舎に行けば、まだゲイシャ、サムライ、フジヤマ、あるいはパールハーバー、ヒロシマ、せいぜいがホンダ、ソニーといったところが一般の人々の日本に対するイメージだったのです。

しかし今は、「日本という言葉を聞いて何を思い浮かべるか?」と質問するといろいろな答えが返ってきます。ポケモンもマリオもあるし、『エヴァンゲリオン』や『もののけ姫』といったアニメもあります。ブレットトレイン（新幹線）が走っていて、世界一のインフラを持っているクールな「おもてなし」の国でもあります。リオ五輪の閉会式のとき、次の東京五輪を紹介するパフォーマンスで、安倍首相がマリオのコスプレをして登場しました。あれは世界中で大受けでした。先進国、新興国を問わず、マリオというキャラクターを知らない人のほうが珍しい。まさしく日本を代表するキャラクターです。同時に、あのパフォーマンスで安倍首相もまた日本を代表する、誰でも知っているキャラクターになりました。それまでの日本の首相は、1年単位でコロコロと交代し、顔と名前を覚える暇もありませんでした。トランプとじかで話が通じ、習近平やプーチンともやりあえる日本の首相。日本にもようやく「顔」を持った首相が登場しました。

私が強調したいのは、ゲームやアニメやマンガといった、昔はどちらかと言えばサブカルチャー以前のキッズ・コンテンツ扱いで、さして重要視されなかったものが、21世紀の今になってやっと、ひとつの芸術フォームとして語られるようになったということです。

これには感慨深いものがあります。実は、これは浮世絵と同じです。浮世絵はもともと大衆の娯楽、今でいう週刊誌のグラビアのような物でした。広重だろうが、歌麿だろうが、江戸の庶民は今のお金にして一枚800円程度で手に入れられそうです。先にも触れたとおり、浮世絵を美術品として最初に評価したのはパリの画家たちでした。

歌舞伎もそうです。今でこそ高尚な芸術扱いされている歌舞伎も、江戸時代は庶民が気楽に楽しむ大衆演芸だったのです。演目も敵討ちだったり男女の駆け落ちだったり、吉原の太夫に入れ込んだ挙句に公金を横領して心中する番頭の話だったり、およそ卑俗な内容的ものです。また、大衆＝町人向けエンターテインメントですから武士階級が観るものではないとされていました。武士はもっぱら能に親しみました。それでも頭巾で顔を隠したお武家さんがこっそりと歌舞伎見物に来ていたなどという話は珍しくなかったようですから、当時の大衆演劇の娯楽性の高さと人気がうかがい知れます。

日本人が創るエンターテインメントのクオリティーがいかに高いかということは、今、世界が証明しています。それが認知されるようになったのも、私は平成という時代があったからではないかと思っています。

ゲーム業界を救ったマリオ

１９８３年にあの有名なアタリショックが起きます。前年アメリカのクリスマス商戦の有力商品と考えられていたゲームがまったく売れず、そのあおりを食って同国の有力ゲーム・メーカー、アタリが機能不全に陥り分割吸収されていったのです。ゲームの売り上げはわずか2年で32億ドルから1億ドルまで実に97％も激減するという異常事態が発生しました。ゲーム産業の急激な失速の主原因は、ブームに便乗する形で本来ゲームとは無縁の多くの企業がにわかに参入し、市場を食い合い、そのためソフトの粗製乱造が続いたことでした。

同ショックにより、ゲーム産業そのものが衰退の道をたどると思われたとき、救世主が現れたのです。それがマリオでした。有力アメリカ企業が衰退したことが任天堂にひとり勝ちをもたらしました。のちにセガがアメリカのゲーム市場で任天堂の地位をおびやかすことになりますが、それまでは任天堂1社でシュアのほぼ90％をドミネイト（支配）してきたのです。まさに独走！　低迷したゲーム業界の立て直しにもっとも寄与した会社でした。

日本のゲーム・ソフトの強みは、クオリティーの高いゲームづくりとキャラクターの魅力でしょう。マリオのデビューから40年近く経とうというのに、今も現役で世界中、子どもから大人までを魅了しています。そして1996年、マリオを凌駕する超人気キャラクターが日本のコンピューターゲームから誕生しました。『ポケット・モンスター』のピカチュウです。ポケモンの登場はこれまでのゲームの概念を超え、可能性を大きく広げたということで、やはりゲーム史に特筆すべき事件だと思います。

アメリカの国力を支えるハリウッド

日本のカルチャーを世界に広げたもうひとつの力は、インターネットです。特にブロードバンドが普及した2000年代からは、日本のコンテンツがより早く、広く、YouTubeなどを通じて世界に届くようになりました。たとえば、2005年にYouTubeで一番、ポピュラーなコンテンツはアニメでした。当時はアニメに限らず著作権にルーズだったので、適当に有志が翻訳してアップしていたのだろうと思うのですが、そういった動きが日本のマンガやアニメの拡散につながったと見ています。安く買い叩かれたアニメのコンテンツを、海外の日本アニメ・ファンが下支えをして、基本的に無料のYouTubeが新しい世代のファンを拡大していく。むろん、製作者や著作権所有者にとってはけしからぬことかもしれませんが、コンテンツを浸透させるのには無料であることもある程度必要悪だったということでしょう。

とはいえ、今や日本のコンテンツ産業は世界の財産ですから、絶対に安売りはしてはいけません。昔、大島渚監督が自分の作品をフランスで公開するとき、ずいぶんと安い金額で契約してしまいました。当時は、お金は二の次で、とにかく世界で公開されることに意味があるという考えがあったようです。しかし、今はそんな時代ではないのです。むしろコンテンツを守るべき段階です。

現在YouTubeの人気コンテンツはゲーム関係で、全体の20%を占めると言われています。ゲーム中継や評価あるいはレビューのようなものも含みます。この30年間でひとつのソフトパワーとして日本文化が世界に広がったのです。

ソフトパワーは国力です。たとえばアメリカという国の強さの源泉は単にGDPが高いこと、あるいは軍事力がほかを圧倒していることではないのです。GDPが高いというなら、トータルでは中国も高い。ほかにもひとり当たりのGDPが高い国はいっぱいあります。UAE（アラブ首長国連邦）もGDPは高い。ブルネイやシンガポールのような小国だってGDPはすごく高い。

ポイントはそこではありません。なぜアメリカが強いのか。みんな、アメリカに憧れているからです。アメリカといえばロックやポップスといった音楽コンテンツもワールド・ワイドですが、やはりなんと言ってもハリウッドです。スクリーンを通じてわれわれはアメリカ的なライフスタイル、ファッション、考え方に影響を受けています。祖父の世代はジョン・ウェイン、父の世代はジェームス・ディーンという象徴的で、カリスマ的なスターがいました。ブルース・リーも世界デビューはハリウッド映画でした。今でしたら、スパイダーマンとかアベンジャーズがその座にいるのかもしれません。これがいわゆるメディアの力であり、コンテンツの力です。

ポケモンは世界の子どもの共通感覚

日本にとってのハリウッドにあたるのがいわゆるゲーム、アニメ、マンガということになります。ゲームやアニメを通して世界の人々が日本に対する興味を覚え、憧れ、日本語を学び日本を訪れています。

この功績は大きいというものではありません。単純に経済的な規模などで語るべき性質のなどものではなく、言うならば、見えないインタンジブル・アセット（無形資産）です。アメリカのカルチャー・バリューがハリウッドにあるなら、日本のカルチャー・バリューはアニメ、マンガ、ゲームにあります。それが日本という国の強さなのです。

２０１６年に『ポケモンＧＯ』が発売され世界的な大ヒットになりましたが、思いのほか任天堂は儲からなかったというような話をしたがる人がいます。しかしそれは些末な問題です。ポケモンというキャラクターは一種のとてつもないフランチャイズ・チェーンなのです。全世界の子どもの共通趣味、共通エンターテインメント、共通感覚、共通の体験というものを日本がここ30年間でつくったのです。これはもう世界に誇るべき無形資産です。なぜなら、その子どもが大きくなっても、ポケモンを忘れるわけではありませんから。その子どもが親になっても、親子2代で楽しめるかもしれません。先ほどマリオが誕生して40年近くが経つと述べましたが、40年といえば、ゆうに親子3代のレンジがあります。まさにこれこそが文化なのです。

たぶんこれからもいろいろな意味で、ジャポニスムというメガトレンドが、平成という時代の種まきのおかげで、「失われた30年間」という土壌を栄養にして、ようやく芽吹いていくのではないでしょうか。その意味では、決して「失われた」わけではなかったのです。経済的にも社会的にも政治的にも、収穫の時期はいよいよこれからなのです。

日本は世界一の観光大国になる

２０１８年度の外国人観光客は約３２００万人。政府はオリンピック・イヤーである２０２０年は４０００万人を目標数字に挙げています。２０３０年には６０００万人の外国人観光客が訪日することを期待しているそうです。しかし、今でも観光客の増加ペースは政府の予想を超えていますし、私は軽く８０００万人は超えるとみています。10年後には、日本が世界一の観光大国になります。その理由はもちろん、日本人気もあるのですが、なんと言っても日本という国の観光ポートフォリオ（組み合わせ）の豊かさです。

たとえば、トルコを地図で見るとわかりますが、国土が横（東西）に長いわけです。対して日本は縦（南北）に長い。ということは、いろいろな季節があるということです。夏は沖縄にある熱帯の海でスキューバダイビングを、冬は北海道でスキーやスノーボードを楽しめます。沖縄の慶良間《けらま》諸島の海の青さと透明度はエーゲ海に勝るとも劣らないですし、北海道の雪質の良さは世界のスキーヤーから絶賛されています。

しかも、季節の変化がゆっくりです。ひと口に四季と言っても、早春に晩春、初夏に晩夏、麦秋……ヨーロッパでは季節がはっきりしていますが、日本の場合、季節はグラデーションになっています。春の桜色から緑に変わって、夏の空と海の青、それが少しずつ紅葉の朱を濃くしていき、やがて白一色の雪景色になる。その白もしばらくするとまた、恥じらうようにピンクに染まっていく。曖昧の美、未完成の美を愛でる日本人の感性はこういう季節感と無縁ではないのかもしれません。

北は北海道から南は沖縄まで、それぞれの土地でそれぞれの季節に、美味しいものがたくさんありますし、料理を楽しむだけでも飽きません。

国土の大きさもほどよくコンパクトで、観光にはちょうどいい。アメリカに一週間のスケジュールで旅行して、ワシントンとフロリダを両方味わうなんてことはちょっと無理ですが、日本旅行なら、やりくり次第で東北と四国の両方を見て回ることができます。

マンガ、アニメ、ゲームといったサブカルチャーの聖地として日本を訪れる観光客もあとを絶ちません。秋葉原は今や有名な観光地で、外国人だらけ。私が日本に来た当初は秋葉原で外国人を見ることのほうが珍しかった。家電量販店チェーンの台頭に押されて、一時はさびれる一方だった電気の街・秋葉原を蘇生させたのは、ゲームやアニメ、マンガです。それから忘れてはいけないのは、コミケやワンフェスといった催しものです。以前、夏のコミケ開催期間の入場者のうち、外国人は13万人と聞いて驚いた記憶がありますが、それもずいぶん前の話です。現在の正式な数字を探しても出てきませんでしたが、来場者の3人にひとりが外国人と仮定すると20万人を超えるかもしれません。「オタク族」という言葉が生まれた時代、その語にはまだ揶揄的なニュアンス、簡単に言えば、ダサい、キモいというイメージが含まれていましたが、今ではOTAKUは世界共通語です。私も日本のゲームは大好きでよくやります。世界のゲーマーとネットでつながっていますし、OTAKUはワールド・ワイドでクールの代名詞です。

もうひとつ、意外と知られていないのが、剣道や柔道といった武道です。しかもスポーツとしてではなく、技芸として追及する外国人も増えています。柔道でしたら、より源流をたどって柔術や居合道、古武術も人気です。古流空手の師を求めて、沖縄に短期留学のような形で滞在する外国人もかなり多く、その人に合った道場を紹介してくれる現地在留の外国人ガイドもいるそうです。

英語による情報発信が大切

私が日本に来てもうそろそろ四半世紀になろうとしていますが、当時、海外では今に比べて日本に関する情報は驚くほど少なかった。もちろん、歴史的に私の母国トルコの対日感情はとてもよく、日本へ行くことに何の不安もありませんでしたが、日本に関する予備知識はほとんどゼロに近かったのです。図書館に行けば、日本の文化や歴史について触れている書物も何冊かありました。しかし専門的すぎてさっぱり面白くはありませんでした。結局、日本に来て、日本語学校に通い、一から日本語を学ぶことになりました。漢字もありましたから、それなりの時間を日本語習得に要したと思います。

その当時に比べて、今は日本に対する情報はネットにあふれています。しかも旅行者や日本在住の外国人が英語を使ってYouTubeで発信をしています。これらは生身の体験による情報ですから、書物やガイドブックを読むよりも新鮮です。日本人による英語発信もここ数年で急増しています。翻訳ソフトや通訳エンジンも確実に進化しています。

英語だけではなく、ほかの言語、たとえばフランス語やスペイン語、それに中国語を使った発信も珍しくなくなりました。それだけ多くの国の人たちが日本に来ているということです。

政府の予想どおり年間6000万人が来るとなると観光業も人手不足になるだろうと予測されます。となれば、ある程度外国人観光客の世話を外国人に任せるという手もあります。さすがに外国人の板前さんや仲居さんをふつうに見ることができるまでにはもう少し時間がかかるでしょうが、もう少し手前の仕事、たとえば外国人客相手に英語で意思疎通をはかることが必要な仕事に外国人従業員をあてるという発想があってもいいと思います。先日、羽田に降り立って気がついたのですが、リムジンバスのスタッフなどには、外国人はかなりいます。切符を渡したり荷物を入れたりする係の人などです。バスの利用者には外国人も多いし、英語を話せる係員がいると心強いのです。それと同じで、旅館のスタッフや観光案内に日本滞在歴の長い外国人を登用するのは非常に有効だと思います。

中韓以外の観光客に目を向けるべき

日本の観光ポートフォリオを考えた場合、潜在的な未来の観光客は6000万人どころではないでしょう。ただ、あまり特定の国の観光客をあてにしないことです。たとえば中国人。爆買いツアーなどで日本の小売業者にとってはありがたい存在ですが、政治状況によって彼らの態度が今後どう変わるかはわかりません。今は米中冷戦のただなかで、習近平も反日を引っ込めていますが、いつまた官製的な反日デモを起こさせるかもしれません。日本旅行禁止を国民に通達し、観光客を人質にして日本に揺さぶりをかける可能性もあります。

実際に現在、ホワイト国除外問題から続く日韓関係の冷え込みから、韓国人観光客が激減していると言います。ただ、韓国人観光客はたしかに数は多いですが、支出、つまり日本に落とすお金は平均7万7000円（中国人は平均22万円）と極端に少ないのです。なぜかと言うと、彼らは在日や駐日期間の長い親類の家や、あるいは同胞の経営する民泊施設に泊まり、ホテルや旅館を利用したがらないからだそうです。

先日ニュースに、日韓関係の冷え込みの影響で東京新大久保のコリアタウンの客足が減ったというトピックがありました。私はてっきりコリアタウンを敬遠する日本人が増えたのかと思いましたが、そうではなくて、韓国人観光客が激減したというのでした。つまり、新大久保コリアタウンのお客の多くは韓国からの観光客であり、韓国が現在国策で進めているジャパン・ボイコット運動でもっとも割を食っているのは、日本で同胞相手に商売している韓国人ということなのでしょう。

中国や韓国のように、政治的外交的な思惑に影響を受けない国からの観光客招致にもっと力を入れるべきだと思います。たとえば、北海道、東北、北陸といった雪国のツアーは台湾などの親日国や東南アジアの人たちに人気です。世界地図を見れば、大陸の真ん中に位置する国や地域も多いことに気づきます。そういう人たちに向けて日本の豊かな島々を巡ってもらうクルージング・ツアーなどは喜ばれるのではないでしょうか。

情報にはｉｎとｏｕｔのふたつがあります。観光客の誘致、地元スポットの宣伝を英語（できれば動画）で発信するのも大切です。しかしそれ以上にこれから日本へ観光に行こうという人たちのニーズを知ることが重要であり、そのためにもインターネットがとても有効です。そういった情報スキルを持った外国人スタッフがこれからの旅行産業には不可欠になってくると思います。

コンパクトを楽しむ日本料理

世界的なトラベラーのアンケートでは日本食は今、ローカルフードのおいしさランキングで3位だそうです。1位はフランス料理で2位はイタリア料理ですが、遠くない将来に日本料理が1位になる可能性も大いにあります。世界的に認知されたという点でははるかに先輩格の中国料理や、スパイスの国インドのカリー料理を押しのけて、アジアからは日本料理がベスト3にランクイン。これは誇っていいことだと思います。

わずか半世紀前までは、「日本人は魚を生で食べるのか」とむしろ西洋人からは嘲笑の対象でした。ＳＵＳＨＩ、ＳＡＳＨＩＭＩも今では地球の裏側でも通じる世界語で、おいしさ＋ヘルシーの代名詞だというのですから隔世の感があります。

不思議なことに日本人が作ると何でも美味しいのです。それは素材が違うからなのか技術の差があるからなのかはわかりませんが。ロンドンに行った際にスターバックスに入ってマフィンを注文したことがあります。日本のスタバで食べた物よりふたまわりくらい大きいのですが、ぜんぜん美味しくない。日本のスタバで出される小さなマフィンの方がずっと美味しいのです。シンガポールや香港のスタバも経験していて、ロンドンよりは味はいいと思いましたが、それでも日本には負ける。同じスターバックスでも、日本が世界一美味しいと思います。

そこで気がついたのですが、たしかに日本の食べ物はおしなべてサイズが小さいのです。たとえば、アメリカのレストランでピザを注文すると、マンホールのふたのような大きさのものが出てくる。しかし、これも日本の小さいサイズのピザのほうが美味しい。

果物も日本産のものはは小粒ですが、ひとつひとつがとても甘くて味が深いから数や量を摂らなくても満足感が高い。お寿司も小さく握ります。あれがホットドッグくらいの大きさだったら興ざめでしょうし、口の中に入れたときのネタとご飯とワサビの繊細なアンサンブルもおそらく台無しです。

ひとつひとつが小さくて美味しいから、食べ過ぎることもない。だから日本食というのはヘルシーなのだと思います。

量より質を求める日本人

日本のウイスキーの人気について書きましたが、実はビールもじわじわ注目されるようになってきました。私がロンドンにいたとき、イギリスの友人たちは「日本のビールは味が濃くてうまい」と絶賛していました。実際に世界のビールメーカー中トップ10に日本の会社が2社（アサヒとキリン）入っています。ビールはドイツ、ウイスキーは英国が本場というのが今までの常識でしたが、そのドイツ人、英国人が日本のお酒に注目するようになったのです。私は工場見学が好きで、以前、サントリー白州工場の見学ツアーにも参加しました。8人の参加者で日本人は2人。私を入れても3人で（私も一応、日本国籍を持つ「日本人」ですから）、ほかの5人は外国人でした。日本人よりも外国人のほうが日本の洋酒に興味津々なのです。

私の友人で、神戸牛のおいしさに魅せられ、高級ハラル食としてサウジなどに輸出する事業を始めた人がいます。和牛はもう世界のブランドです。考えてもみてください。一般の日本人が牛肉を食べるようになったのは明治以降の話です。もともとステーキを食べる文化などありませんでした。それが、わずか100年ちょっとの間に、世界の美食家の舌をうならせる最良品質の牛肉を生産して輸出する国になったのですから驚きです。もちろん、そこまで達するには何世代にもわたって優良種の交配を繰り返し、飼料ひとつをとっても選び抜いて、牛にとって最善の環境を心掛けて手塩にかけ、育て上げてきた酪農家たちの努力があったことを忘れてはなりません。

日本人はみな、一番よいものを目指します。決して手は抜かない。これは民族性だと思います。だから短期的な金もうけには走らない。クオンティティー(量)よりクオリティー(質)を選ぶ。要するにこれも一種の「種まき」の精神だと思うのです。時間をかけて将来のために研究開発(種まき)する。時間と手間を惜しまない。本来農耕民族である日本人は、種をまき、育て、大きく実るまで待つという習性がDNAの中にしっかり根付いているのだと思うのです。

雌伏の時代に努力する日本人

「失われた30年」を経て花開こうとしている現在から見れば、「平成は種まき」の時代だった話をしましたが、日本人はそういった雌伏の時代にこそ、地道な努力を怠らない民族です。たとえば、高度経済成長終了後の1970年代、それまでの急速な工業化による国策のひずみが公害等のさまざまな問題となって日本人に降りかかってきました。当時もまた長い不況期にありました。しかし、その時代があったからこそ、現在の日本は、省エネやリサイクルなどといった、いわゆるエコ産業では世界でも最先端を走っているのです。家電ならば消費電力の少ない製品、自動車ならばCO2削減車。これらは断然日本製が優れています。この技術ノウハウを活かして、ぜひ次世代の自動車産業――電気自動車、水素自動車、ハイブリッドカー――の分野でもトップランナーであってほしいと思います。

私が日本に来る以前、つまり80年代の初頭まで、隅田川や神田川など東京に流れる河川の多くは、垂れ流された生活汚水で水が汚れゴミが浮かび、何とも言えぬ悪臭を放っていたと言います。今では、それが信じられないくらいに水も澄み、魚の姿さえ見かけるようになりました。これは雌伏の時代にいかに日本人が反省と研究を怠らなかったかということです。雌伏と言えば、日本にとって敗戦とその後の混乱は、今まで体験したことのない雌伏の時代でした。都市は灰燼《かいじん》に帰し、人々は飢え、社会はカオス状態にありました。そのカオスの敗戦からわずか19年で、アジア初のオリンピックを開催する国になるとは誰が予想したでしょうか。これも、報われぬ時代に種をまき育てた先人の努力の結実以外の何ものでもありません。焼け跡にまいた種が高度成長という果実の形で返ってきたのです。戦争が終わり、無用の長物として闇に葬られる運命にあったゼロ戦や戦艦の製造技術が新幹線や各種造船の技術に活かされ、戦後日本の重工業を支えました。

日本人のこういった気質もやはり、自然に対する畏敬の念から生まれたものであるのは間違いないでしょう。南北に長い日本列島は自然の宝庫です。太古から、世界のどの民族よりも自然の恩恵を受けてきたのが日本人です。しかし、人々に恩恵を与えてくれる自然は時に巨大な災害となって人間に襲いかかってきます。地震、台風、洪水、火山の噴火。江戸の街だけで数度の大地震に見舞われています。日本は災害大国です。災害は一瞬にして、人々から住まいを、財産を、そして親しい人の生命を奪っていきます。すべてを失った人は何もかもゼロからまた築き上げなくてはいけません。自然を恨んでも始まらない。自然とともに生きる。そういった決心が、カオスから抜け出し、再び形のあるものを生み出すメンタリティとなったのだと思います。

日本の耐震設計技術は世界一です。これもまた幾度となく経験した震災から得た教訓の結晶であることは言うまでもありません。

日本人のこの気質がある限り、かならずや経済は再生すると私は信じています。

オリジナルより優れたものを

まだ今ほどに日本ブランドが確立していない時代、よく、日本は海外製品のもの真似が得意だ、などと小バカにされていたことがありました。しかしこの日本流の「真似」は、新興国の製造業にありがちなパクリなどとはまったく質を異にしています。「学ぶ」の語源は「真似る」であると言われますけれども、日本人は海外製品を真似して、結果的に本家よりも優れたものを作ってしまうのです。

1543年（諸説あり）、種子島に漂着したポルトガル人により鉄砲が伝来して以来、日本の戦《いくさ》の概念は変わってしまいました。未知の武器だった鉄砲をわずか数年でコピーし、命中精度やそのほかの点で、オリジナルよりもはるかに良質なものを作り上げてしまったのは、ほかならぬ500年前の日本人です。

これに一番驚いたのは武器商人も兼ねていたポルトガル人の宣教師たちでした。彼らもある程度、鉄砲作りの工程に関してオープンにはしていました。というのも、世界の果ての小さな島国に住む黒い目の異教徒に、西洋の先端技術である鉄砲を作ることなどできないと高をくくっていたからにほかなりません。その証拠に、ネジの作り方だけは「企業秘密」にしていました。ネジで各部位を銃身に固定しないと、弾を撃った瞬間、銃は衝撃でバラバラになってしまいます。それまで日本にはネジというものがありませんでした。だから、その製法も知らないはずで、もし日本人が猿真似で鉄砲らしきものを作っても、とうてい武器として使いものにはならないと腹の中で笑っていたのです。ところが日本人は、誰にも教わることなく、雄ネジ、雌ネジを自分たちで作ってしまいました。これは宣教師たちにはまったくの想定外の出来事だったのです。

のちに秀吉はキリシタン追放令を出します。これは鉄砲の純国産化の成功および大量生産体制の確立と無縁ではありません。今述べましたように、宣教師たちは武器商人を兼ねていましたから、大名たちに鉄砲を売る見返りに領内での布教にある程度目をつぶってもらっていたのです。逆に言えば、鉄砲の需要がある限り、自分たちが追い払われることもなく、布教も続けられ、やがて日本を耶蘇教の国にすることも可能だと考えていたことになります。

ところが国産品の方が優れてきたなら、わざわざ外国産を買う必要もない。つまり宣教師たちにいてもらわなくてけっこう、と秀吉は考えるようになったのです。

戦国時代、日本にあった鉄砲の数は、全ヨーロッパの鉄砲の合計を超えていました。戦国時代、すでに日本は世界一の軍事大国だったのです。

日本の官僚は無能か？

この本の冒頭で、私が比較的初期の段階で「米中新冷戦」という言葉を使ったこと、当時はこの言葉に反応を示す人が少なかったことを書きました。実はそれ以前の2014年ごろに私は、「冷戦」という語こそ使いませんでしたが、「中国はますます覇権主義を露わにし、アメリカがそれに対する態度を鮮明にするだろう。そして、両者の対立で一番の利を得るのは日本だ」という予測を立てました。当時は習近平が国家主席になって1年あまりで、トランプはまだアメリカ大統領になっておらず、優柔不断なオバマの時代でした。

私たち投資家はまず予測を立て、さまざまなデータや社会情勢をもとにシナリオを組み立てます。ストーリーと言ってもいいでしょう。つまり、投資とは物語なのです。むろん、経済は生モノですし不測の事態もあるので、常にシナリオの微調整が必要となります。お芝居の脚本でもセリフのちょっとした変更はあるでしょうし、時には設定自体を大胆に変えることもあります。とにかく一本のストーリーとして、情勢の先を読んでいくのです。

今のところ、第二の黒船との遭遇、ジャポニスムの再来、産業の日本回帰といった私の書いたシナリオどおりに話は進んでいます。実はこのシナリオに現実が沿っていくには、最低でもあと2、3年はかかると思っていたのですから、私自身その現実の動きの早さには驚いているほどです。もちろん、不測の事態もいろいろとありますが、その多くは日本にとって好材料です。本当に日本という国は運がいいと思います。「運も実力のうち」という言葉がありますが、まさにそのとおり。この運の良さにも日本の実力が現れています。

ただネックは日本人自身が日本のバリューを今ひとつ理解していないことです。むろん、自信過剰はよくありませんが、自己の過小評価はせっかく動き出した歯車へのブレーキとなってしまいます。

そのひとつに、これは多分にメディアの影響でもありますが、日本の官僚や政治家は無能だという思い込みがあります。実は、これはバブル時代とは真逆の見方なのです。バブル時代は、日本の官僚や役人は天才だと世界的に賞賛されていました。有名なアメリカの国際政治学者のチャルマーズ・ジョンソンが『通産省と日本の奇跡』(MITI and the Japanese

Miracle）という本を書いたのが1982年です。

私は日本の政治家や役人が無能だとは思いません。もちろん、無能な人もいるとは思いますが、平均的な日本の役人は恐らく世界のなかでもかなり優秀だと断言できます。日本国民全体のレベルが高いのですから、そのなかから選ばれた日本の役人や政治家も、レベルが高いはずなのです。

平均値が高い日本

この平均値が高いというのも、日本人の特徴のひとつです。たとえば近年、ハーバードやオックスフォードといった世界の一流校へのアジア人留学生のなかには、中国はもちろんのこと、マレーシアやインドネシアといった東南アジアの新興国の若者も目立ちます。彼らは総じて勤勉で成績も優秀、その多くが博士号を取得します。一方で、彼らの国では初等教育も受けられない子どももまだまだ多いのです。となれば、当然ながら平均値は低くなります。日本は突出した秀才が目立つわけではありませんが、教育の平均値が高い。平均値が高いから、逆に、突出した秀才が目立たないと言えるかもしれません。

今、日本は経済的な格差社会になりつつあると言われていますが、アメリカのように、お城のような家に住んで自家用飛行機を乗り回すスーパー・リッチがいるわけではありません。大企業の社長と言えども、自分の会社から月給をもらう給与所得者に過ぎないのです。あるいは一部の権力者が富を独占し、人民を飢えさせているわけでもない。英国のように階級社会でもない。いろいろなことが言われても、日本人の平均的な生活水準は世界のなかでも高いほうです。つまり、上か下に二分されるのではなくて、分厚い中間層がいるということです。

2019年、吉野彰氏がノーベル化学賞に選ばれ、自然科学部門における日本人受賞者（米国籍者含む）はこれで24人になりました。アメリカに次ぐ第2位の受賞者数だそうです。しかし、日本のノーベル受賞者たちを見てみると、「地球の頭脳」とか「超天才」といった神がかったイメージからはほど遠い、隣のおじさんといった感じの人ばかりです。あの人たちも日本の分厚い中間層の中から現れた秀才であると思うと、感慨深いものがあります。

日本はすでに覚醒している

日本人はあらゆる分野で平均値が高く、ひとりの突出した存在を育成するよりも全体の底上げをして、レベルアップすることを好みます。これはある種の平等主義なのだと思います。

他方、振り子のように極端から極端に振れるのも日本人の特徴です。一番わかりやすいのは、戦前と戦後の思想潮流の急激な変化です。戦前戦中の国家主義、軍国主義は確かに異常で、反省すべき点は多々あるのですが、戦争に負けたとたんに戦前を全否定する。これも極端です。だから、右翼も左翼も非常に過激です。文化的にはグラデーションの美を愛する日本人ですが、思想的にはなぜかグレーゾーン、バッファ・ゾーンを認めたがりません。

また一度決めたことをなかなか変更できないのが日本人です。そこはひどく保守的です。憲法改正さえままならない。革新という人ほど頑なにこれに反対する。憲法が変わったぐらいで、いきなり国が戦争を始めるわけがありません。逆に憲法を変えないからといって、中国や北朝鮮の軍事的脅威がなくなるわけでもありません。

ただ外部からの刺激に関しては、日本人は驚くほど敏感に反応します。いい例が、何度も言いますが、黒船の来航です。考え方が固まると一つの方向に集中して動きやすい民族ですから、いざという時には日本は非常に高い能力を発揮します。

ひと口に明治維新と言いますが、黒船来航（1853年）から大政奉還（1867年）まで14年かかっています。明治元年は1868年です。しかし、令和の大改革はもっとスピーディーに進むでしょう。と言うよりも、いやおうなしにそうなります。まさに、待ったなしの状況と言えます。

日本を取り囲む情勢はそれほど大きく変わっているのです。だから日本も変わらざるをえません。

もう変化は見えてきています。そのひとつが、ホワイト国除外に象徴される韓国に対するこれまでになかった強い姿勢です。韓国は今まで日本に何を言っても許されたのに、なぜ今回は日本がこれほど強硬な態度をとるのだろうと困惑しています。彼らは、日本を中心とした時代の大きな潮目の変化を理解していないのだと思います。

日本という国は、新冷戦のパワーバランスを変えられる唯一の国です。日本がどう動くのかによって誰が勝つかが決まります。それくらい重要な国であると言えます。その重要な国が、今までのように弱気でいられるわけがありません。日本の政治家や官僚はすでに気がついているはずです。

このタイミングで理不尽な反日をやられたらやり返すしかありません。今の日本はそれほど、強い立場にいます。日本が取るポジションによって、米中のどちらが優位になるかが決まります。おそらく、これからは米中による日本という美女の取り合いになるでしょう。だからしたたかな中国は、反日を引っ込めました。

今がまさに、日本にとっての最大のチャンスなのです。

第四章

中東とアフリカはどうなる？

イスラム教徒は地球人口の4分の1

皆さんは「中東」という言葉を聞いて何を思い浮かべるでしょうか。石油、ラクダ、砂漠、紛争、パレスチナ問題、国際テロ組織、サッカー……中東情勢の専門家以外の一般の人が浮かべるイメージはこんなところだと思います。しかし第一章でも触れましたように、歴史的に見て日本と中東には深いつながりがあります。そして今、米中新冷戦のなかで両者の関係も新時代を迎えようとしているのです。

この章では、日本人が知っているようでよく知らない中東とアフリカ、さらにもっと広い意味でのイスラム世界に今、どのような変化が起きており、それが日本の経済浮上にどのように関連していくかについて考えてみたいと思います。

まずはじめに、イスラム教徒の総人口を見てみると、2015年時点で17億人。これは全世界の人口の約23%。中国の人口(公称)とアメリカの人口をそっくり足した数に相当します。

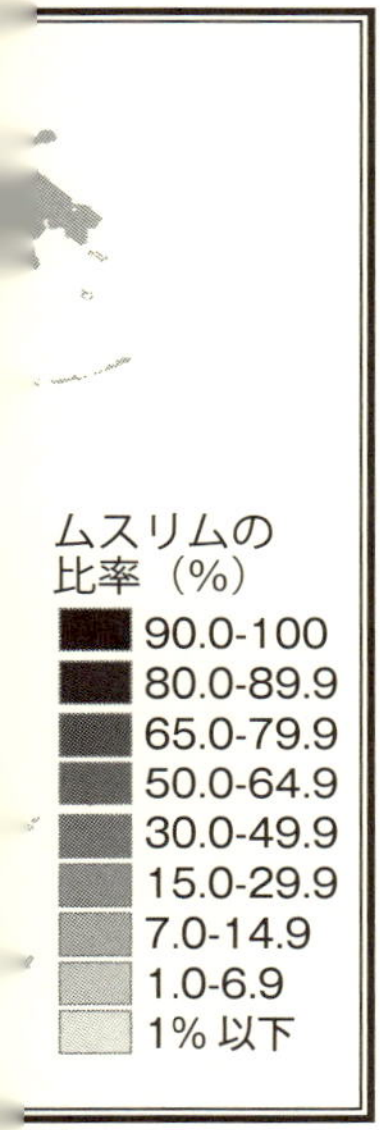

大陸別の分布で見ると、アジア太平洋地域の25%、中東北アフリカ地域の91%——こ

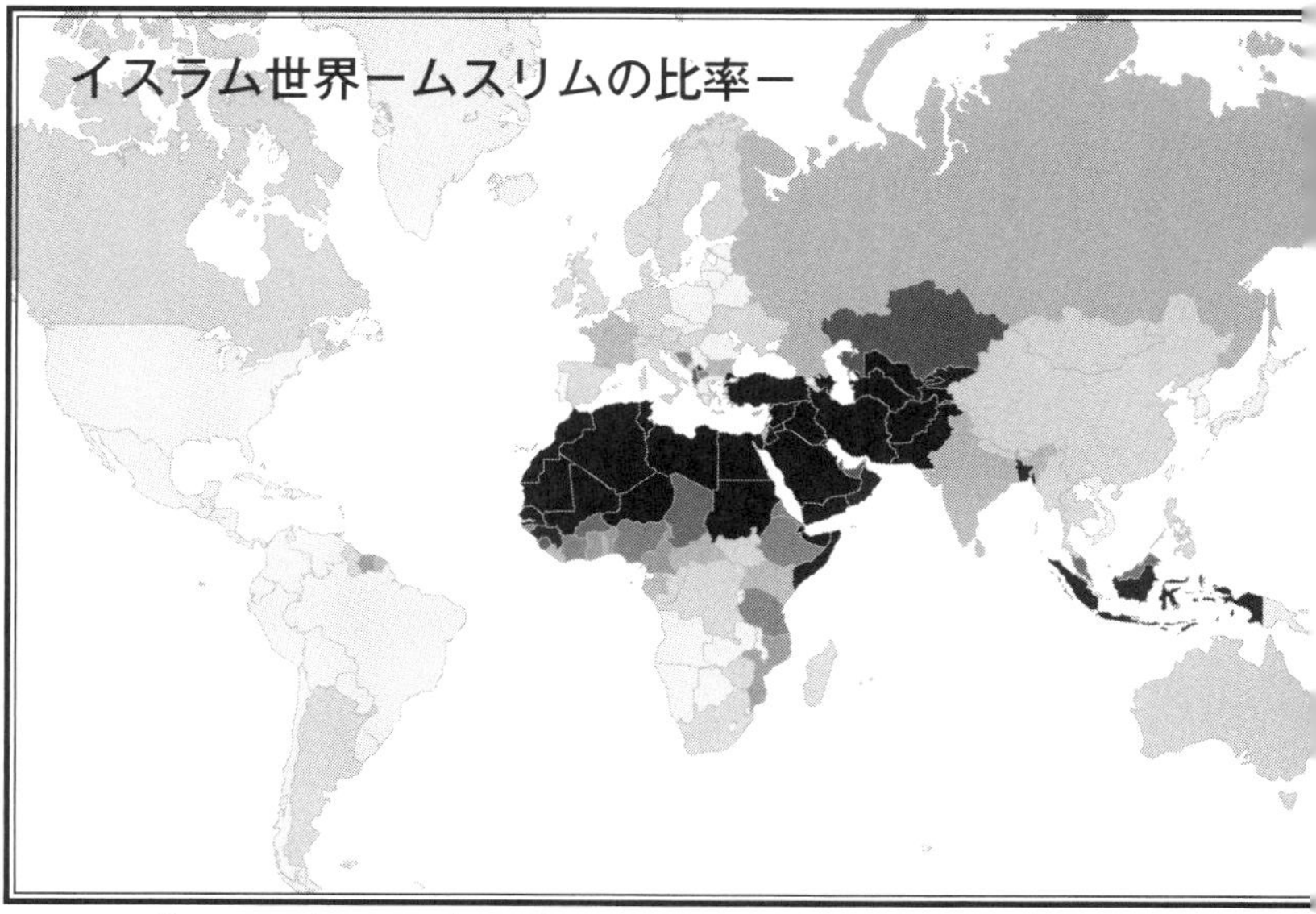

の中東北アフリカ地域をＭＥＮＡ（Middle East & North Africa）＝ミーナと呼んでいます――、サブサハラ（サハラ砂漠より南の地域。アフリカ全土の人口の80％以上を有する）の30％、欧州の６％、それに南北アメリカが一番少なく０・６％となっています。

現在、ＯＩＣ（Organisation of Islamic Cooperation＝イスラム協力機構）という組織があり、これにはイスラム諸国57カ国（シリアは参加資格停止中）が加盟しています。加盟国すべてを合わせた名目ＧＤＰは約７００兆円あまりで、世界のＧＤＰの約９％に相当します。

これは名目ＧＤＰですので、いわゆるＰＰＰ（purchasing power parity＝購買力平価）で見た場合には大体15％ぐらいだと言われています。このＯＩＣ諸国はＧＤＰ成長率が5％から7％の国が多く、人口上昇率もかなり高いので、今後、大きな経済成長が期待できると見られています。つまり、かなりの潜在的購買力があるということです。

一方で、ご存じのとおり、中東では戦争やさまざまな紛争――たとえば古くは中東戦争、先のイラク戦争、シリアの内戦、リビアの内戦、アラブの春運動など――が起きています。こういった内戦や政治的な運動の数々で中東北アフリカ地域（ＭＥＮＡ）の治安は悪化の途をたどっています。過激組織が力を拡大し、宗派対立――特にスンニー派とシーア派の対立――が、このような過激組織が活躍できる土台をつくっているのです。

急成長するトルコのＧＤＰ

日本は歴史的に東南アジアのイスラム諸国とアラブの湾岸諸国以外に、イスラム世界との関係をあまり重要視して来なかったように思われてなりません。しかし、安倍首相は日本の総理大臣として初めて中央アジア諸国に実際に足を運び、トルコにも何度も行っています。その外交センスには大いに注目しています。

なぜ日本がイスラム世界に対して偏った外交しかしてこなかったかと言えば、ひとつの理由としては明治維新以降の外交戦略を引き継いでいるということが大きいと私は思います。つまり資源の重視です。資源を持っていないところのプライオリティー（優先順位）が非常に低いのです。湾岸諸国は産油国ですから、当然、プライオリティーが高い。東南アジアのイスラム諸国、インドネシアとマレーシアは第2次大戦中、日本軍が駐留していましたし、石油やゴム、ほかの地下資源と引き換えに、日本によってその後独立を支援されました。そのため、今もとても親日的です。

トルコも親日国のひとつですが、資源がありません。だから日本の伝統的な中東戦略のなかで、トルコは重要な位置を占めてきませんでした。現在も、貿易規模から見てもあまり重要視されてはいないことがわかります。しかし、これは実にもったいないことだと思います。

トルコはこの20年間でＧＤＰが約5倍になりました。２００1年に20兆円だったのが現在は１００兆円の規模に急成長しています。この間に日本はほとんど恩恵を受けることがありませんでした。それは日本が貿易相手国としてのトルコの可能性を軽視していたからです。

中東＝資源というのは片面的認識

日本が先の戦争に突入した大きな理由のひとつが資源の確保でした。エネルギー資源のほとんどを輸入に頼る日本にとって、米英蘭による禁輸は命綱を絶たれたにも等しく、イチかバチか米英に宣戦布告し、資源豊富な南方への進出に活路を求めたのです。その是非はともかく、資源小国日本のトラウマはよく理解できます。どうしても資源のある国を重視することになってしまうのも。ただし、そこにばかりこだわると、大局を見失ってしまいます。

もうひとつ、中東に限らず日本が第3世界を見るときの間違いは、ひとつひとつの国としてしか見ずに、相手の規模を小さく考えてしまうことです。そうではなくて、もっと大きな一帯、文化圏として見る視点がほしいと思います。たとえば、トルコもアルジェリアもアルバニアもアフガニスタンもひとつの国としてとらえると経済規模は小さい。しかし、イスラム世界という枠でみると非常に大きいし、人口も、合わせれば全世界の4分の1になります。先ほども述べましたが、ＯＩＣ加盟国だけで57カ国もあるのです。

文化圏として見ると、ひとつの国向けに作った商品やサービスがほかの国でも売れるということです。考え方とか価値観、意識は似ているので商品展開や戦略が立てやすい。今まで日本はそういう発想ができていませんでした。資源のない国は、中東の「その他」扱いだったのです。このことが原因となり、大きなビジネスチャンスを逃してしまっていたのだと思います。

その点、中国はイスラム諸国の経済戦略上の重要性をよく理解しています。同国は一帯一路構想で旧シルクロードとスパイスロードを抑えようとしています。シルクロードの要所要所の国はほとんどがイスラムの国です。イスラムの世界はアジアからヨーロッパをつなぐ道であり、国際的に極めて重要な位置にあります。ここを中国に抑えられると大変なことになるのは容易に想像がつきます。単に資源がある、ない、の評価で考えるのは、非常に間違った考え方だと思います。

中東は日本にとって巨大なマーケット

先ほどはイスラム社会全体の人口を見てみましたが、ひとつひとつの国のイスラム教徒の数を見ても決してあなどれないものがあります。たとえばインドネシアは日本人にとっては東南アジアにあるありきたりの新興国というイメージでしょう。しかし経済規模が小さく見えるあの島国は、日本を超える2億6000万人の人口を有し、そのうちイスラム教徒は2億2000万人です。パキスタンには1億8000万人、ヒンドゥー教国として知られるインドにも1億7000万人、バングラデシュにも1億4500万人のムスリムが生活しています。だから、グレイターインディア（インド文化圏）として見ると、実は半数近くがイスラム教徒ということになるわけです。アジアだけでこれだけのイスラム教徒を抱えていることにもう少し関心をもってもいいのではないでしょうか。中東とアフリカに目を向ければ、ナイジェリアで7500万人、イランで7400万人、トルコでは7400万人がイスラム教徒です。

経済規模に関して言えば、一国一国ではそんなに大きくありませんが、イスラム社会全体で見るとかなり大きいのです。

ただマーケットとしては、まだいろいろな意味で遅れています。ですから改善の余地は大きいですし、言い換えるならば、のびしろがあるということです。

マーケットのなかでも一番大きいのはイスラム金融です。この中には商業銀行も入っています。だいたい180兆円ぐらいの規模になります。金融関係はほとんどがマレーシアと湾岸諸国に集中していて、あとはトルコにもあります。

金融の次に大きいのはハラルフードです。ハラルフードの市場は約120兆円あると言われています。ハラルフードとは要するにイスラムの法にのっとった食事、食材のことです。

これは先に述べましたひとつの国に照準を合わせると、ほかの国でその商品が売れるという典型例です。見逃す手はありません。実は日本の食品や食材にはちょっと工夫すればイスラム教徒が食べられるものがかなりあります。たとえば日本のカップ麺は味に定評があり、種類も豊富です。聞くところによると200種類以上あるそうですが、そのうちイスラム教徒が食べてもいい銘柄は3種類しかありません。日清のチキンラーメンとどん兵衛、マルちゃんの赤いきつねです。なぜかと言えば、ほかの商品は豚肉のエキスを使っているからです。例えば、エキスを豚から牛に替えるだけでイスラム圏に出荷できます。つまり、大きなビジネスチャンスになるのです。カップ麺に限らず日本食は人気があるので、いろいろな商品展開、アプローチができると思うのです。

もっとも、ハラルも厳密には、動物を屠《ほふ》る作法もイスラムの教えに沿わなくてはいけませんし、包丁や食器も聖別したものを使い、調理する人も異教徒であってはいけないのですが、そこまで厳格なハラルにこだわる人は少数派で、17億人のムスリムのうち、せいぜい15％程度です。残りの人たち、特にイスラム圏以外の国で暮らすイスラム教徒は、豚肉を使わないことと、アルコールを使わないこと、このふたつのことさえ守れば、ＯＫという人が多いのです。

ですから、私が経団連などでお話しをしたときに提案したのは、ハラル認証しなくてもいいですから、日本独自のスタンダードを開発してほしいということです。たとえば豚由来のものは使っておりません、専門のラインで生産しています、というマークをつけてくれれば、多くのムスリムはそれだけで安心なのです。最近は、食品のパックなどに「遺伝子組み換え大豆を使っていません」とか、あるいはアレルギー成分の表示などがありますが、あの程度のものでもいいので表示してもらえれば、大きなマーケットを獲得することができるはずです。

政教分離はこれからの潮流

まだまだ経済規模は小さいですが、ひとりあたりのGDPが増えるにつれてイスラム諸国はこれからどんどん伸びてきます。ファッション、メディア、エンターテインメント、旅行、医薬品、化粧品。このあたりは特に大変重要になってきます。

もうひとつ、私はいろいろな意味でこのイスラム世界の経済的な発展につながるエレメン

イスラム諸国の経済規模

ソース：IOC

順位	国　名	GDP(PPP)（百万米ドル）	一人あたりGDP(PPP)（米ドル）	輸出（百万米ドル）	輸入（百万米ドル）	名目GDP(PPP)（百万米ドル）
1	インドネシア	2,840,100	11,135	199,100	185,900	895,346
2	サウジアラビア	1,668,700	54,600	381,500	136,800	742,273
3	トルコ	1,576,100	20,500	167,600	242,900	820,207
4	イラン	1,334,300	17,100	84,310	59,000	502,729
5	パキスタン	928,400	5,900	97,460	70,580	522,638
6	ナイジェリア	1,109,101	6,204	24,850	40,260	515,432
7	エジプト	989,886	11,194	24,810	59,220	324,268
8	マレーシア	800,169	25,833	230,700	192,900	375,634
9	アラブ首長国連邦	643,847	65,037	314,000	273,500	440,181
10	アルジェリア	551,800	14,256	49,590	22,530	227,802
11	イラク	522,700	15,220	93,910	56,890	240,006
12	バングラデシュ	572,440	3,581	35,200	33,270	205 328
13	カザフスタン	420,630	24,143	86,930	42,820	225,620
14	クウェイト	284,000	71,100	115,460	36,540	172,350
15	カタール	320,500	145,894	24,900	6,706	213,784
16	モロッコ	252,367	7,606	22,230	45,830	109,201
17	オマーン	163,627	44,062	19,010	8,709	80,540
18	リビア	97,600	15,700	30,790	10,820	41,150
19	ウズベキスタン	171,669	5,609	5,000	3,800	62,619
20	アゼルバイジャン	168,400	17,500	30,960	10,060	87 764
	イスラム協力機構合計	15,867,262	10,825	2,129,124	1,645,646	6,870,763
	世界経済への比率	15.67%		11.98%	9.14%	9.17%

イスラム世界のマーケット規模（2014）

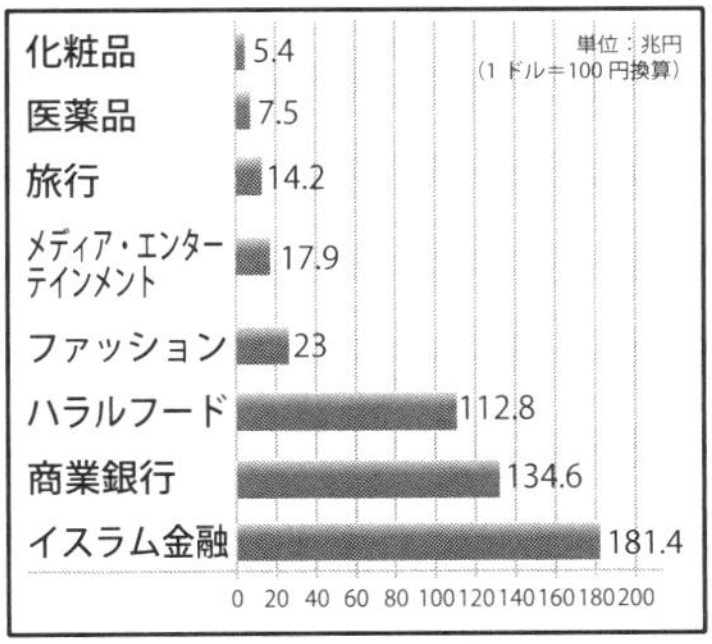

ソース：DinerStandartResearch&Advisory,Zawya

ハラルマーケット 世界食品市場との比較（2014）

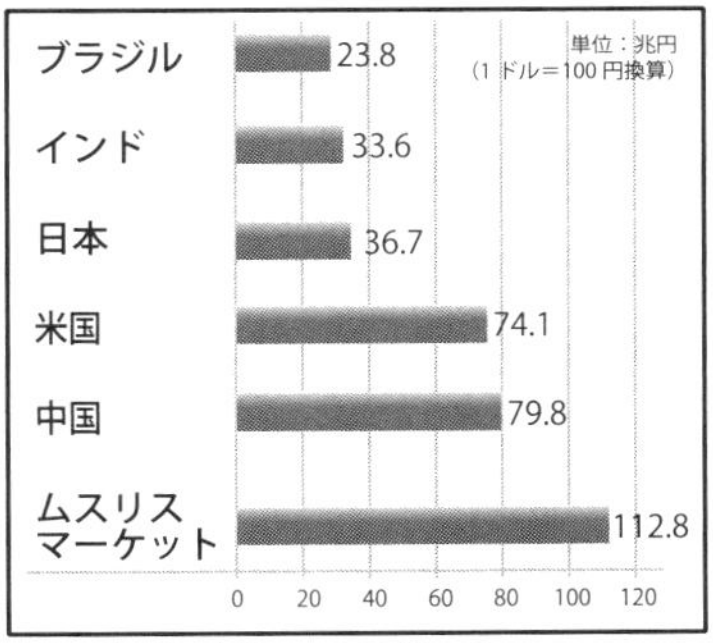

ソース：DinerStandartResearch&Advisory,Zawya

トは、まさに新冷戦だと思っているのです。というのも、今まで中東社会には紛争や内戦が多かったのですが、それは米ソ冷戦の終結による秩序の乱れが大きな原因でした。アメリカのアフガン戦争以降の政策の影響もあり、いわゆるイスラム過激派的な、もしくはイスラム主義的な運動が行われやすい土壌のなかで、ある種のカオスが醸造されてしまっていたのです。しかし、このままの状態が続くわけがなく、今後は逆の流れが起きると私は見ています。イスラム主義的な考えが中心の政治では、いつまでたっても国民の生活は豊かになりません。しかも、昔とは異なり、現在ではインターネットによって国民はほかの国の生活を知っています。そのためいわゆるセキュラリズム（世俗主義）、つまり、政教分離が進むのではないかと考えています。

この流れはすでに顕在化していて、イスラム原理主義的な政権が倒れたり、もしくは原理主義的な動きが力を失ったりしつつあります。エジプトでもクー・デターが起き、ムスリム同胞団という強い政治力と長い歴史を持ったイスラム主義組織がテロ組織に認定され、排斥されています。トルコでも、当初穏健派と見られていたエルドアン政権（公正発展党）が強権的な政治に転じてからは、経済発展が遅れ、政権の支持率が下がっています。イスラム主義を掲げる政権が衰退していくのは時間の問題だと思います。そうなると、政教分離がより進んでいくはずです。イスラム諸国も変革の時代を迎えているのです。この流れはおそらく止めることができないでしょう。もはや宗教対立、宗派対立の時代ではないということです。さらに、のちほど説明しますが、新冷戦は、イスラム諸国にとって地政学的な意味でも大きな追い風になると思います。

世界経済は資源中心の考え方から脱却しつつあり、いわゆる脱石油が起こるにつれて、おそらく紛争や対立も少なくなっていくのではないでしょうか。むろん、資源ビジネスにとっては打撃になる部分もありますが、それを差し引いても余りあるインターナルな（内に秘めた）ダイナミズムが世界の人口の多くを占める中東の潜在性のなかにあると見ています。

アラブの日本ブーム

イスラム諸国のなかでもとりわけ豊かな国のイメージで語られるのがアラブ首長国連邦（ＵＡＥ）でしょう。連邦と名がつくように、７つの首長国からなる国です。オイルショック後に急発展した国で、最大の都市であるドバイには超高層ビルがいくつも建ち、欧州の超セレブたちのリゾート地、別荘地としても知られています。意外と思われるかもしれませんが、ＵＡＥはアラブでありながら、国民の８割以上が外国からの移住者という実質的な多民族国家です。宗教に関しても寛容で、キリスト教、仏教、ヒンドゥー教の信徒を受け入れています。実は日本とも縁が深く、ＵＡＥの石油、天然ガスの最大の輸出先が日本なのです。

しかし残念なのは、一般の日本人が産油国、資源国以外のイメージでＵＡＥを見ることがあまりないことです。今、ＵＡＥの若者の間では日本のポップカルチャー、たとえばアイドルやアニメにとても人気があります。コンテンツ・ビジネス、キャラクター・ビジネスの大きな市場がここにあるのです。ドバイではつい先日にもコスプレ大会が行われ、イスラムのスカーフをした女の子たちが日本のキャラクターのコスプレを楽しんでいました。

アニメやゲームだけではなく、日本文化に興味を持つ若者も増えています。京都や東京・浅草では外国人観光客向けの和服レンタルと着付けのサービスを行う衣装店が人気です。最近、京都の衣装店がイスラム圏からの観光客のために、和服向けのスカーフ（ヒジャブ）のレンタルや販売を開始すると大好評で、ほかの衣装店にも波及しているそうです。この和装ヒジャブの考案者はマレーシア人スタッフの女性で、彼女自身も日本文化が好きで数年前に来日し、同店のスタッフとなったそうです。今では和装ヒジャブのデザインからコーディネイト、着付けまでこなしているといいます。これなど、アイディア自体が非常に素晴らしいし、さらに新しいビジネスを展開できる可能性があると思っています。

適材を見落としがちな日本式

イスラム諸国には親日国が多いのです。すでに日本のソフトパワーは浸透していますし、コンテンツ・ビジネスの大きな市場でもあります。このアドバンテージを使って日本も積極的に進出して投資をしたり、新たなニーズを開拓したりするべきだと思います。

以前ショックを受けたのは、ある大きなイスラムの国に日本の大手トレーディングカンパニー（商社）のオフィスがないという話を聞いたことです。なぜオフィスを置かないのかと重役たちに聞いたところ、お酒が飲めないのでオフィスを開いても誰も行かない、という信じられない答えが返ってきました。それは仕事をしないためのエクスキューズに過ぎません。この人たちは戦後の貧しく苦しい時代、カバンひとつで世界に出かけて行って、今の日本の地位をつくってきた先輩ビジネスマンたちのことを忘れたのか！　と言いたくなるほどにそのときの私は憤慨しました。

それならば、現地の人を使えばいい。その場合、大きく分けてふた通りのやり方があります。まずは、現地で採用して使うという従来のやり方。それに対して私が提唱するのは、現地のエリートを日本に留学させ、日本で育成して適材適所に投入するという方法です。日本の大企業の問題点は、外国人社員を人材として活かしきれていないというところにあります。わざわざ外国人を登用するのだから、彼らの特性や得意分野を大いに利用するべきです。

たとえば、アラブ諸国にある日本の大手商社の支社に勤務している外国人の友人がいます。敬虔なイスラム教徒である彼にとってアラブの職場はまさに適材適所でした。現地での意思疎通に関してむろん不自由はないし、日本人には気がつかないイスラム社会のこともよくわかります。しかし、その彼もアラブの支社に行かされるまでは、ずっと中国向けの仕事をさせられていました。何事も「乾杯（カンペー）！」で始まる中国人相手のビジネスに、お酒が飲めないイスラム教徒の社員があてられるというのは人材が活かされていない極めつけの例です。日本の企業はともすればゼネラリストを育てようという風潮があると思います。もちろん、それを一概に否定はしませんが、スペシャリストを投入するということに関しては遅れていると言わざるをえません。ひとつのことに突出した人よりも平均的に何でもこなせる人を有能と見る傾向があるようです。これは日本特有の高平均値主義の弊害の部分だと思います。

途上国のエリートこそ優秀

それから、もうひとつの日本企業の大きな勘違いというのは、発展途上国や新興国のことを人件費が安く労働力の使いでがいい国と思い込んでいるところです。もちろん、ブルーカラーの単純労働者や資格のない人たちの賃金は安い。しかし、ホワイトカラーや資格のある人、エリート層の人たちの賃金は決して安くありません。なぜかと言うと、絶対数が少なく希少価値があるからです。人の材と書いて「人材」という言葉が合う人たちなのです。

発展途上国、新興国では日本のように大学がたくさんあって誰もが大卒というわけではありません。下手をすれば、庶民は読み書きもおぼつかないという国だってあります。大学で専門分野を学んだ人というのは本当に数が少ない。その代わり、彼らはとても優秀で、誇りも高い。とりあえず大学くらいは出ておこうとか、4年間気楽なキャンパスライフを送ろうなどという人はほとんどいません。みんな必死です。

日本でも明治時代、西欧に追いつけ追い越せであったころのエリート（大卒者）は一生懸命でした。「末は博士か大臣か」という言葉があったように、将来は日本を背負って立つ人になるという自覚と誇りを持った人たちが近代日本をつくってきたわけです。大学に通うというだけでも恵まれた境遇にあるのだから、いつかそれをお返しして、世のため人のため国のためになりましょうと考える。それが本当の意味のエリートだと思います。

途上国には日本企業で働きたいと考えているそんなエリートがたくさんいます。日本の企業は本当に彼らを人材として活用しようと考えているのでしょうか？　もしも本気でそう思っているなら、それなりのインセンティブ（動機づけとなる報酬）を与えないと、いい人材も入ってこないということを認識するべきです。

昔の日本企業は違いました。現地の特性や民情をしっかりと考慮して、それに合わせて事業を行なっていました。アメリカ人やイギリス人の社員には高い給料を出してもいいけれども、中国人やトルコ人には給料を出したくないという現在の姿勢は間違っています。国籍でなく人物で評価しないと優れた人は入ってきません。

イスラム金融の基本

さらにもうひとつのチャンス、あるいはヒントとしては、イスラムの金融システムがあります。

イスラム教では、基本的に働かないで利益を得ることは禁じられています。つまり利息という概念がないのです。投資についても、たとえば株式投資や一般的な事業投資は自由なのですが、イスラム法に反している事業、たとえばギャンブルやアルコールの製造販売などへの投資は禁止されています。これが「イスラム金融」の基本です。では、イスラム諸国のすべてが「イスラム金融」で動いているかと言えばそうではありません。トルコのような政教分離をしている国では、通常のバンキングシステムが機能しているのです。と同時に、通常のバンキングシステムを使いたくない人たちのためにイスラム金融の機関も活動しています。原油価格が高騰し、1バレル当たりが100ドルを超えたときには「イスラム金融」にも世界的に非常に関心が集まりましたが、原油価格が下がるにつれ、人気が少しずつ下がってきました。しかし、依然としてイスラム世界では金融システムが発達しておらず、原油価格の行方に関わらず色々な金融商品のニーズは高いのです。

それから、イスラム世界には保険という概念もありません。しかし、今後イスラム世界が発展していくためには、保険という商品も必要になっていくでしょう。ここにも日本の出番があるはずです。

ただ、イスラムにも全く利息のような概念がないわけではありません。直接お金の貸し借りはやらずに間に何らかの取引を挟むというやり方があります。必要としている財をイスラム銀行に購入してもらって、それを少し高めの値段で分割払いという形式で売ってもらう。どうしても資金が必要な借り手の場合には、間にゴールドのようなコモディティ（商品）を挟む場合も多いのです。ゴールドは流動性が高いけれども、現金ではないのでイスラム法に触れないという考え方なのです。

たとえば、車を買う場合、通常はローンを組んで月々の支払いをするという形を取りますが、イスラム金融の場合は金利が発生してはいけないので、金融会社に一旦車を買ってもらって、客には割高に売り、支払いは金融会社に分割で行って、金融会社はその差額で儲けるという方法を取ります。つまり、金融会社にお金を払って車をリースして、払い終わると自分の所有物になるという建前になります。結局はローンを組んで自分で買うことと同じです。

当然、利息に等しいものをつけて売っているのですが、これならば、イスラム法にのっとった取引として成立するわけです。要するに、物品に儲けをつけて売るのはいいけれど、お金に儲けをプラスして売る、つまり、お金をお金で買うのはダメだという考え方なのです。

ちょっとまどろっこしいように思うかもしれませんが、ある種のカタログ販売や販売代理店のようなものと思えば、これはこれで日本の金融企業が入り込んで発展させる余地はあると思います。商品開発に関してはまだまだこれからですが……。

宗派対立はどこで収束するか

日本人が中東にコミットするときに、一番リスクだと考えるのは宗派対立だと思います。

さて、第一章でも説明しましたが、ここでもう一度簡単におさらいしておきましょう。

全イスラムのうち90％がスンニー派で、10％がシーア派です。シーア派はイラン、イラク、アフガニスタンの一部、そしてイエメンの北部と、シリアの北部、それからトルコの南東部に広がっています。両者の一番の違いは、スンニー派はある程度、政教分離を許容しますが、シーア派は宗教指導者が政治を司るべきだと考えている点です。

つまり、宗派対立でありながら、実は政治論の違いという要素が色濃くあります。ホメイニーが特に目の仇にしたのは、王政による権力の世襲です。イスラム世界ではアラブ諸国に王政が多い。サウジアラビアも王政で、しかも王の権限がとても強い。イラン（シーア派）とサウジアラビア（スンニー派）の対立の根源もそこにあります。

シーア派とスンニー派の対立は残念ながら、今後もしばらくは続くだろうと思っています。直近ではサウジの原油施設に対するドローン攻撃があり、サウジは原油生産能力の約半分（世界生産の5％に相当する）を失う事件が起きました。この攻撃に使われたドローンはイランが作ったと言われていますし、攻撃を行ったのもイランがずっと支援してきたイエメンのフーシ（イスラム教シーア派の一派ザイド派の武装組織）だと言われています。今後もイランとサウジの対立は続くでしょう。

ただ、新冷戦の時代を迎え、アメリカの中東戦略、とりわけイラン戦略は大きな変更を余儀なくされるのは確かです。アメリカも日本と同じで、これまで中東を重視してきた理由イコール資源があるからでした。しかし、これからはアンチ中国の砦としての意味合いが大きくなります。つまりこの地域は、一帯一路をブロックしていくために必要になるということです。当然、そのなかにイランを組み込みたいと思っているはずです。

イラン革命から40年が経ち、ここで何か大きな変化が起きても不思議ではありません。前述したイスラム世界全体のセキュラリゼーションの象徴になりえるような出来事が、それこそドラマチックな形で起こるかもしれません。トルコのイスラム主義政権が失脚して政権交代が起き、それとシンクロする形で、イランが政教分離を可とする政権になるという大胆な予測も立ちます。むろん、その背後にはアメリカの存在があるのですが。いまや変革はイスラム社会でも待ったなしです。

そうなれば、過激組織の影響力も弱まり、中東は安定してきますから、日本も中東でのビジネスにコミットしやすくなると思います。

アフリカは日本を待っている

中東以上に一般の日本人から忘れられているのがアフリカです。ここも非常に注目すべき地域です。

アフリカ大陸は日本人が考えている以上に広大で、潜在的な農地面積だけで世界の60％を持っています。しかし、アフリカのポテンシャルは全く活かされていないのです。アフリカの農業を近代化させるだけで、全世界に供給できるぐらいの農業資源があることがわかっています。つまり、アフリカにはそれだけの可能性があるのです。

２０１８年3月、ルワンダのキガリでＡｆＣＦＴＡ（The African Continental Free Trade Agreement ＝アフリカ大陸自由貿易協定）が調印されました。現在、参加国は54カ国です。これらの人口を全部合わせると約12億人。ＧＤＰは合計で約3兆ドル。日本円にすれば約３２０兆円で、日本のＧＤＰの半分より少し多いくらいです。しかしのびしろはまだまだあります。

これはどういう協定かと言うと、アフリカ内の貿易関税をなくして、ひとつの大きなフリー・トレーディング・ゾーン＝ＦＴＡ（Free Trade Agreement＝自由貿易協定）をつくろうというものです。加えて、制度の整備やインフラの建設を進め、遠からぬ将来には人と資本が自由に行き来できるような経済圏を構築しようという壮大な構想です。ここにもブロック化という世界のトレンドが見て取れます。アフリカも国家間や部族間の対立などさまざまな問題を抱えながら、経済の結びつきによってひとつになろうとしています。これがアフリカ大陸で上手く動き出したら、大きなゲームチェンジャーになるのではないかと思っています。

アフリカのＧＤＰ成長率は２０１８年で平均３％。２０１９年にはおよそ３・５％になると予想されています。中長期では４％ではないかと思います。正直なところ、成長率自体はあまり高いとはいえません。特に、どこが低いかといえば、54カ国あるうち、資源が多いところです。経済構造を資源に頼っている国ほど成長率が低いという結果が出ています。そのなかでもナイジェリアと南アフリカの2カ国がとりわけ低い数値です。

具体的に見ていくと、ナイジェリアのＧＤＰ成長率が２０１８年で１・９％、２０１９年は2・1％程度になると推測されます。南アフリカは２０１８年で０・８％、２０１９年はおそらく1・2％ぐらいです。

一方、いろいろなセクターに分散化して、資源だけに依存していない国は21カ国あり、こちらのほうが成長率は高い。そういった国は、おおむね5％から7％程度の成長率がありま す。ただ問題は、アフリカのなかでも、特にサブサハラの人口の3分の2が資源への依存度の高い国に住んでいるということです。

もうひとつのボトルネックは、アフリカ大陸の面積が広大なため、インフラ整備が圧倒的に立ち遅れている点です。道路、鉄道、それに飛行場も整備されていません。逆に言えば、整備する必要があるということです。日本の優秀なインフラ技術をいつでも歓迎してくれる余地があるということでもあります。

アフリカの窓口エチオピア

私はこれからの大きなポテンシャルを持つ国はエチオピアではないかと思っています。エチオピアの経済はそれなりに多様化していますし、アフリカのなかで経済規模は3番目に大きい。ＧＤＰ成長率は7・6％で、比較的高い数値を示しています。地理的には、ちょうど紅海の入り口に面していて、対岸はイエメンです。世界一物騒な国といわれるソマリアが隣接し、アデン湾には海賊が出没していますが、エチオピア自体は大きく発展する可能性の高い国だと思います。もともとこの地域は、アビシニアという大きな王国でした。古くからの文明文化を受け継でいる国だけに、潜在能力も高く、いざとなれば成長発展も早いと考えています。

実は、日本人が最初に接したアフリカ人はエチオピア人だとも言われています。生類憐れみの令で知られる徳川綱吉の治世に、日本の帝にシマウマ2頭が献上されたという記録があります。

日本人にとって誰よりも有名なエチオピア人と言えば、1964年の東京五輪のマラソン銀メダリストで「裸足の哲人」と呼ばれたアベベ・ビキラ選手です。2014年1月、アフリカ歴訪の最後の訪問国としてエチオピアを訪れた安倍首相は、アベベ選手のご子息と面会しました。東京五輪のとき首相は10歳で、アベという名前をもじって友人から「アベベ」と呼ばれたなどという逸話を披露し、しばしスポーツ談義に華を咲かせたそうです。2020年の東京五輪に向けていいムードをつくれたと思います。また、その後の首脳会談では、ハイレマリアム・デサレン首相（当時）から、近隣のソマリア沖や南スーダンでの自衛隊による海賊への対処や平和維持活動に対する厚い謝辞がありました。日本国内ではなにかと自衛隊の海外派遣を批判する声を耳にしますが、派遣された当地では日本の自衛隊の活動は感謝され、期待されているのです。現在、エチオピアの首都アディスアベバと成田との間に直行便が就航していて、これはこのときの会談の合意によるものです。安倍首相も、アフリカにおけるエチオピアの重要性をよく理解しているという証左です。

また、アディスアベバにはＡＵ（African Union ＝アフリカ連合）の本部があります。ＡＵはＥＵをお手本に、将来的に一大アフリカ連合国への統合を目指してつくられた機構で、加盟国は55カ国、オブザーバー国が7カ国です。つまり、エチオピアは全アフリカの窓口と言っても差し支えありません。いかに大切な国であるかということがおわかりいただけたと思います。

アメリカの対アフリカ大型融資の真相

アフリカにおいても、日本がこれから大きな存在感を示す好機がそこまで来ていると私は見ています。なぜなら、アメリカがアフリカにおける中国の影響を本気で排除に向かっているからです。

中国は今、アフリカの一番大きなトレーディングパートナーとなっています。全アフリカの貿易の約20％が対中国です。中国が海外へ進出を始めたのは１９９９年からで、２００７年までの約20年間で、対アフリカ貿易は40倍に拡大しています。さらに、対アフリカＦＤＩ（Foreign Direct Investment ＝対外直接投資）に関しては、２００３年から２０１７年までの間で60倍に膨れあがっています。中国はアフリカにとっては一番大きいトレーディングパートナーであるとともに、一番大きいクレジター（債権者）ということになります。つまり、アフリカ諸国は、中国資本とがんじがらめの関係にあるということです。

これに対して、アメリカは本格的に対抗措置に乗り出しています。２０１９年6月、米国アフリカ・ビジネスサミット――これはジョン・ボルトン補佐官（当時）の策だと言われていますが――がモザンビークのマプトで開催されました。その席でトランプ大統領は、今後アフリカに対し約６０００億ドル（約65兆円）規模の投資をすることを約束したのです。これで中国の影響力をかなり弱めることができます。

さらに、２０１９年8月に横浜市で開催された第7回アフリカ開発会議（ＴＩＣＡＤ７）で、安倍首相は強引な海洋進出を強める中国を念頭に、法の支配を重視する「自由で開かれたインド太平洋」構想を盛り込んだ横浜宣言を採択し、アフリカ諸国が中国の過剰融資による多額の借金を抱える「債務問題」をめぐり「支援対象国が持続的に発展できることが肝要だ」と述べて中国を牽制しました。

続いて、中国の過剰融資を受けた国々の財政悪化問題をめぐり、債務管理の専門家を派遣するほか、30カ国の担当者にリスク管理の研修を実施する計画を重ねて紹介しました。首相は「日本らしさを活かし、着実な経済成長や平和と安定の実現を目指すアフリカ自身の努力を強く支援する」とも述べ、資金力で影響力拡大を図る中国との違いを強調し、今後３年間で日本から２００億ドル（約２兆１０００億円）を超える民間投資を実施するよう支援する方針も打ち出しています。

中国に蚕食されるアフリカ

アフリカが日本を歓迎するのは、彼らが中国をあまり信用していないからです。中国はアフリカ各国で評判がよくないのです。

確かに中国はアフリカに投資しています。またさまざまな融資も行います。その代わりに、資源を安く買い叩くのです。投資するといっても、お金はその土地の権力者の懐にまず落とされます。実質上の賄賂です。自分たちの大切な資源が二束三文で吸い上げられても、賄賂をもらった権力者は預かり知らぬことです。むしろ、さらなる賄賂を期待して民衆の不満をねじ伏せ、対外的には「中国の投資でわが国はこれほど潤っている」という、中国の意に添う対外宣伝に努めるのです。

インフラプロジェクトにおいても、中国は本国から労働者を連れて来て工事にあたらせるので、現地に雇用を生まないことが多いのです。さらに、労働者を追う形で中国人商人がやって来て、チャイナタウンを形成していきます。中国人労働者は中国人の料理屋で食事をし、中国人のマーケットで買い物をし、自分たちの間でお金を回し合うだけで、現地にお金を落とそうとしません。そして何よりもインフラプロジェクトが終わっても中国人労働者は本国には帰らないで定着します。しかし、今述べましたように中国人のコミュニティをつくり、現地に溶け込もうとしません。自分たちが貧乏なままなのに、中国人たちが金持ちになっていくことを現地の人たちがよく思うわけがありません。

ケニアやナイジェリアでも、現地で商売をしてお金持ちになった中国人はいっぱいいます。そして、先に移住し成功した人たちを追って、さらに中国人入植者が殺到しています。

中国当局からすれば、資源を安く吸い上げたうえに、国内の余った人口を減らすこともできて、まさに一石二鳥ではあるのですが……。

中国のトラップ

さらに、中国はもうひとつ大きなトラップを仕掛けています。融資という名で持ち掛けた高利の貸金（アフリカ側からすれば借金）です。当然払いきれないわけですから、その債権と引き換えに、中国は物納を要求してきます。具体的には、鉱物資源の採掘権や軍港に転用可能な港の租借権です。一帯一路の正体はまさにトラップです。

彼らの最終目標は現地に残った中国人がやがて市民権を得て国籍を取得し、議員などのエスタブリッシュメントになって、本国（中国）の意のままアフリカ社会を動かしてくれることでしょう。東南アジアの経済を華僑が握っているのと同じように、アフリカを自分たちの経済圏におきたいということです。

トラップと言えば、物理的なトラップもあります。これは小耳にはさんだ話で、どこまでが本当かはわかりませんが、ＡＵ（アフリカ連合）のヘッドクオーター（本部）の建物を建造したのは中国で、内部に盗聴器が仕掛けられているという噂があり、ＡＵ諸国はこの建物で秘密の会議ができないということでした。ファーウェイの不正チップ問題が発覚しただけに、あながちジョークとも言い切れません。ＥＣＯＷＡＳ（Economic Community Of West African States＝西アフリカ経済共同体）の本部建物も同じく中国が無償で建てたものだそうで、まさに「タダより高いものはない」のことわざを地でいっています。

ちなみに、ＥＣＯＷＡＳは外務省のＨＰによると「西アフリカの域内経済統合を推進する準地域機関として設立され」た組織で、「政治的安定の確保を目指し、防衛・紛争解決機能等を備え、さらに安全保障機能の本格的整備に着手しています」とのこと。加盟国は現在15カ国。安全保障上の会議を盗聴されてはたまりません。

日本はこのＥＣＯＷＡＳに毎年、平均して5万ドル規模の直接拠出を行っていますが、日本のアフリカへの投資はこれからなのです。

第五章

新冷戦における投資戦略

世界の投資家が新冷戦シフトに入った

この本の最初に、私が「米中新冷戦」という言葉を使いだしたとき、マスコミはもちろんほかの識者もこの語に反応する人はほとんどいなかったと書きました。しかし、最近になって、著名な投資家やエコノミスト、経済評論家たちがこぞって「現在、新しい冷戦構造に入っている」と発言しています。しかもどの投資家も「これは長期化するだろう」という見通しに立っているようです。

たとえば、ヘッジ・ファンドマネージャーでブリッジウォーター・アソシエーツ社の創立者であるレイ・ダリオ氏は、新冷戦を「長期にわたるイデオロギー戦争」という言葉で表現し、「米中間は貿易戦争に止まらず、あらゆる分野での衝突が起こるだろう」と予言しました。「投資におけるパラダイムシフト（考え方が劇的に変化すること）が起きつつあり、低金利と量的緩和の時代が終わりを迎えようとしている」というのがダリオ氏の観測です。

元IMF（国際通貨基金）のチーフ・エコノミストだったスティーブン・ジェン氏は新冷戦をボクシングの試合にたとえて「15ラウンドの戦いのゴングは鳴った」と言い、「（この試合は）われわれの現役時代には終わらないだろう」と見ています。

『ブラック・スワン―不確実性とリスクの本質』の著者でトレーダー出身の経済学者であるナシーム・ニコラス・タレブ氏は新冷戦期に合わせ、ディフェンシブ（守りの）投資をするべきだと唱えています。ディフェンシブ投資とは、景気の変動に左右されない手堅い、たとえば、鉄道や医療、食品株などへの投資のことです。ちなみに、彼の本の表題、〝Black Swan〟（黒い白鳥）とは、「予期せぬできごと」、「不測の事態」といった意味です。まさしく、国際的トレーダーにとっては、新冷戦は10年前には誰も予測できなかった黒い白鳥の到来だったのでしょう。

モビアス・キャピタル・パートナーズ社の共同経営者マーク・モビアス氏のショックはさらに大きいようで、「ゲームのルールが変わった。変えたのはトランプだ」、「もはや解決は困難だ」とまで言っています。その上でモビアス氏は「米中対立で恩恵を受ける可能性のある国」として、インド、ベトナム、バングラデシュを挙げていますが、何度も言うように私はこれに日本を加えたい。いやそれどころか、日本が新冷戦の一番の受益者であり、しかも、それが世界の平和に大いに貢献すると考えています。

安全資産への見直し

「長期化」とはどれくらいのスパンかと言うと、30年、40年を想定しています。先の冷戦も終結するのに45年間かかっています。

米ソ冷戦に立ち戻って考えましょう。70～80年代にどういったものがマーケットを動かしていたのかと言うと、地政学的なヘッドラインが無視できません。70年代では、中東戦争とその後のオイルショックが世界のマーケットに与えた影響ははかりしれないものがあります。80年代には、イラン・イラク戦争がありました。その後の90年代にも湾岸戦争がありました。大きな紛争はそのあたりでいったん収束しましたが、今後もいろいろな所に地雷があると思ったほうがいいと思います。

米中の対立による代理戦争的なものもあれば、直接の対立も可能性としては捨てきれません。たとえば、アメリカとロシアは冷戦時代に結んだミサイル条約（中距離核戦力全廃条約）を破棄しました。その後、アメリカは中距離弾道ミサイルの実験を行い、ロシアはそれに対抗する形で潜水艦型ミサイルを発射してみせました。両方とも核弾頭搭載が可能です。

２０１９年の国慶節の軍事パレードで中国が誇らしげに世界に披露したのも弾道ミサイルでした。こういったものは、リスク要因として投資家のマインドをかなりくすぐり、投資にすぐに反映されます。

そのため、リスク回避的な動きがここ数年間で、かなり強まるのではないかと見ています。そうなると、セーフ・ヘイブン（安全資産）と呼ばれるようなもの——わかりやすいところで言えば、ゴールド（金）、そして日本円、アメリカ国債、それから近年の傾向でいえばビットコインなど——が買われやすくなります。これらは一定程度、自分のポートフォリオに入れておいたほうがいいでしょう。

ビットコインに関してはボラティリティ（価格変動）が非常に高い——つまり、１日の価格の値幅の動きが激しい——ので、安全資産にはなりえないという意見も見受けられます。しかし、実を言えば、１９７０年代には、ゴールド（金）の相場もかなりボラタイル（不安定）な局面を見せていましたし、ボラタイルだから安全資産にならないのではという議論には耳を貸す必要はそれほどないと思います。おそらく、ビットコインは今後も買われ続けていくことでしょう。最近、いろいろなタイプの仮想通貨が出回っているようですが、やはり、ビットコインは仮想通貨の代名詞として、その中でも圧倒的に根強い人気なのです。

今後は、国家を後ろ盾にした、もしくはゴールドと連動した仮想通貨というのも出てくるかもしれません。そういったものに対して投資が伸びていくだろうと考えています。

知的財産の仁義なき戦い

新冷戦時代には、国際社会はグローバル化からアンチグローバル化への巻き戻しが起ります。グローバル化した世界では、経済のうえで一番重要なものは知的財産です。なぜなら、知的財産を尊重しないと仕事ができないからです。実は、米中の対立の大きな原因もそこにあります。

中国が（主にアメリカの）知的財産権を無視し、不法なコピーで国際市場を通して大儲けをしていることに対し、トランプの怒りが頂点に達したのです。しかしこれまでの膨大なロイヤリティーを中国が黙って清算することはまず考えられず、この対立はさらに深刻化するでしょう。おそらく、出口はないものと見られます。そうなれば、ファーウェイなどの中国のＩＴ、テック関連企業に対し、アメリカは半導体などの輸出規制に動くと思います。

現行の半導体は中国国内でもある程度作れますが、次世代のものはその限りではありません。アメリカが売ってくれなければ、自分たちで開発しなくてはならなくなります。しかし、それは技術的に難しい。となれば、リバースエンジニアリング——つまり、完成品を分解し構造を分析して、似たようなものを作ること——を行うしかないのです。

冷戦によるアンチグローバル化した世界では、知的財産に対する配慮やモラルは消失します。まさに仁義なき世界です。グローバル化の時代と言われていたころは、知的財産を多く持っている国や企業は高く評価されてきました。それらの代表例として、まずIT関連が挙げられます。ITというのは、知的財産の集合体のようなものです。それから、医薬品などのヘルスケア関連製品。これらも知的財産としては大きい。ひとつ薬を開発するのに、何度も臨床実験を繰り返し、データを蓄積する必要があります。それには何年もかかります。

その一方で、資産会社、もしくはエネルギー関連企業のようないわゆるディフェンシブ的なものは逆に低く評価されていた感があります。MSCI（モルガン・スタンレー・キャピタル・インターナショナル）におけるグロース（成長株）インデックスとバリュー（割安株）インデックスのパフォーマンスの差はそれを物語っています。成長株として代表的なIT関連、テック関連などの知的財産企業はずっとアウトパフォームしてきたわけです。私は、これから逆の現象が起こるのではないかと思っています。つまり、今まで高く評価されてきた知的財産企業へと集まっていた資金がディフェンシブ的な企業へと流れていくのではないかということです。

宇宙戦争時代は始まっている

そのような状況下で、ますます重要度を増すのが防衛関連の銘柄でしょう。

アメリカが中距離ミサイルの開発を再開したからには当然、防衛関連や航空関連、その先にある宇宙関連の銘柄が今後、投資家から高評価を受けるでしょう。ひと口に宇宙関連と言っても2種類あり、ひとつは土星に観測ロケットを飛ばしたり、宇宙ステーションを造ったりという文字どおりの宇宙開発です。月にはハイテク製品に欠かせないレアアースや、将来の核融合発電に必要なヘリウム3もあると考えられ、開発はこれからです。

もうひとつは軍事的なものです。宇宙空間を防衛戦略に使おうという計画は、米ソ冷戦真っただ中のレーガン政権時代にＳＤＩ（Strategic Defense Initiative ＝戦略防衛構想、通称「スターウォーズ計画」）として研究が進みました。これは発射された敵の核ミサイルを宇宙で察知し、衛星から発射する高出力レーザー光線によって迎撃することを主眼としていました。予算の問題と、その後の冷戦終結によって計画は事実上フェイド・アウトしてしまい現在にいたります。しかし、構想によって蓄積されたノウハウはしっかりと残っています。

すでに米中新冷戦は、宇宙にまで広がっています。

2019年1月3日に中国は無人探査機を月の裏側に着陸させました。月の裏側とは交信することができないため、中継衛星が必要で、着陸には大変高度な技術を必要とします。今後、アメリカも中国も月面に軍事目的の基地を建設するために膨大な予算と人的エネルギーを費やすはずです。月面基地から地球上の目標に向かってミサイルを発射したり、あるいは敵国の軍事衛星を破壊したり、そうするためのシステムの計画が今後、実行に移されるのではないかと予想しています。

これに関しては、今述べましたスターウォーズ計画の延長線上にあり、現在はアメリカが一歩も二歩も先んじていますが、中国がこれに短期間でどこまで追いついてくるかは、予測もつかず不気味です。知的財産権に関してはすでに仁義なき世界に入っているのですから、機密も自分が盗むか相手に盗ませないかという次元にあるのです。

軍事関連と並んで宇宙開発関連の銘柄も安全資産として注目しておくことが必要です。スペースシャトルを飛ばすにも随所に日本の町工場レベルの職人的技術が不可欠だと言われています。そういった周辺にも気配り目配りが必要です。

アメリカはすでに産油国だ

一方で、中国は慢性的なエネルギー不足です。このエネルギー問題は、中国一国では短期的には解決できないことは明白です。電化はどんどん進めなくてはいけない。やがて旧満州の中朝国境付近まで開発の手は伸びるでしょう。そうなれば、エネルギー消費はますます進みます。中国によるエネルギー関連へのオルタナティブ（自然エネルギーなどの代替手段への）投資もさらに進むことでしょう。

では、現在のアメリカのエネルギー事情はどうでしょうか。アメリカは原油のネットエクスポーター（純輸出国）になっています。生産量はシェール革命の恩恵もあり、サウジアラビアを大きく超えました。アメリカはもはや世界一の産油国と言えるのです。新しい冷戦の開始と共にネットエクスポーターになりました。いや、エクスポーターとしての準備が整ったからこそ安心して冷戦を仕掛けられたとも言えるかもしれません。どちらにしろ、これがアメリカが強気であることの真相です。

エネルギー大国となったことで、アメリカ国内にも大きな変動が起きようとしています。

これまでアメリカの産業を支えていたのはＩＴでした。それがエネルギー産業に移ろうとしているのです。たとえば、これまでシリコンバレーのあるカリフォルニア州は土地価格も含めていろいろな資産が評価されていましたが、今後はおそらく、エネルギーの多くを算出する中西部から南部へと資金移動が起こるのではないかと言われています。この地域はいわゆるレッド・ステートと呼ばれている地域です。この呼称は、共和党と民主党のそれぞれの支持者の多い州を赤と青に色分けして、前者をレッド・ステート（赤い州）、後者をブルー・ステート（青い州）と呼んだことから始まります。そのどちらともいえない州が中間のパープル・ステート（紫の州）で、大統領選などでは両党がこの紫の州を取り合うのです。共和党の地盤である赤い州に資金が流入するのは、トランプにとって大変喜ばしいことで、これも対中国に対する強気の姿勢の一因と言えるかもしれません。

これらのことをにらんで私は、これからはバリュー投資（割安・安定・リスクを回避して長期を念頭にした投資）の時代になるのではないかと思っています。現にアメリカで言えば、ＩＴやテクノロジー関連の、いわゆるテック株は頭打ちになり、一方で不動産などのアセット（資産）関連は強いという傾向を見せています。

中国に関して言えば、グロース関連（次世代の事業を行う新興企業や成長産業に属する企業）も非常に厳しいと思います。ただ、外国人がどこまで投資できるかはわかりませんが、中国の貿易関連といった企業は今後評価される可能性はあると思います。

では、今回の冷戦体制のなかで中国から一番の恩恵を受ける国はどこかと言うと、ロシアであることは間違いありません。エネルギー不足の中国はこれからますますロシアとの連携を密にして、ロシア産の原油を買わざるをえません。何かあればアメリカが売ってくれなくなり、アメリカの同盟国も歩調を合わせます。となると、安定的にエネルギーを確保するためにはかつてのイデオロギー仲間であるロシアに頼るしかありません。

ロシアは欧米から厳しい経済制裁を受けていますので、むろん中国からのオーダーは大歓迎でしょう。その成果は徐々に見えていて、今年（2019年）に入ってから、ロシア・ルーブルはかなりの上昇気流に乗っており、ロシア株式市場もここへきて上昇しています。金融市場としては大きくアウトパフォームしているのです。

中国とロシア（旧ソ連）は、一蓮托生だったり、ケンカしてみたり、腐れ縁のような関係にあります。中国がアメリカに急接近したのも中ソ対立からですし、いずれが狐か狸か、騙し合い、利用し合うといった関係です。

ミレニアル世代の消費マインド

今後、社会の中心層を構成するのはミレニアル世代です。そろそろ、彼らの親の世代がリタイア、あるいは物故してその財産を受け継ぐ時期に入ってきました。この資産移動の流れは無視できません。

ミレニアル世代は家や自動車、あるいは大型テレビセットなどといったものに消費マインドをあまり感じないという特徴があります。デジタル世代ですから、三次元的な商品に対する物欲は薄いのかもしれません。たとえば、彼らの親の世代のインテリは大量に本を買い込みますが、彼らはそのようなことはしません。本に部屋を占領されるくらいなら、Ｋｉｎｄｌｅのような電子書籍で十分という考え方です。ＣＤも買わず、ダウンロードもしくはストリーミングで音楽を楽しみます。ある意味ではシンプルでスマートなライフスタイルなのかもしれません。

この世代への財産移動が完了したときの投資動向も予測しておかなければなりません。確かに機関投資家によるアセット関連への投資は持続するかもしれませんが、一方で、こういった個人が投資する先というのは、おそらく大きな消費アイテムよりもコンテンツ関連に集中するのではないかと思います。となりますと、デジタル関連のコンテンツをつくっている企業は引き続き強い。だから、ＩＴ関連といっても半導体などではなく、コンテンツで勝負ということになるでしょう。その意味では、日本のコンテンツ産業はまだまだ手堅いと思います。ソニーは電機メーカーでしょうか？　それともオーディオメーカーでしょうか？　違います。投資家はコンテンツ会社としてソニーを評価しているのです。任天堂もコンテンツ会社です。この2社はおそらく今後も高評価を得ていくことでしょう。

つけ加えると、いわゆるミレニアル世代の消費行動が世界的なデフレをつくっている要因のひとつでもあります。今後、彼らが財産を持ったときにはそれが全体にどう影響するのでしょうか。全世界でデフレに、低成長になるのでしょうか。あるいはレイ・ダリオ氏が言っているように、低金利の時代が終わり、もう一度インフレが発生するのでしょうか。それを予測するのは現時点では非常に困難です。しかしながら、70年代のオイルショックが大きなインフレをもたらしたように、米中の対立によってなんらかのエネルギー不足状態が発生し、インフレを引き起こす可能性があるとは思っています。米のバーニー・サンダース上院議員など、それを見越して、ミレニアル世代の消費意欲を刺激するためにも学生ローンをすべて取り消しにしろと主張しているわけです。

中国企業さえベトナムに拠点を移している

すでに目に見えて米欧の脱中国化は進んでいます。欧米に限らず、直近では韓国大手電機メーカー・サムスンも中国でのスマホの生産を終了しました。

となれば、今後、中国と継続してつき合っている、もっとはっきり言えば、中国依存度の高い企業は、それだけでリスクを背負っていると認識されかねません。これから中国とビジネスをするという企業もそのような先入観を持って見られる覚悟がいるでしょう。中国とアメリカ、両者とビジネスをしようという企業も当然、アメリカの企業からは警戒視されますし、場合によっては露骨な干渉を受けかねないと思います。つまり、いろいろな意味で今後そういった地政学的なポジションによるリスクが評価の重要な要素になるということです。

これからは大きな投資や取引をする際は、この会社はどこまで中国に依存しているのか、あるいは、どこまでアメリカとやりとりしているのか、どこまで中国の同盟国とアメリカの同盟国の間で売り上げが分散しているのかをよく精査しなければなりません。やはり、日本の企業すべてがこういった地政学的なリスクの評価をしていかないといけません。そういったチームが社内に絶対に必要になります。

それでは脱中国が完了した場合、どこの国が一番恩恵を受けるのむか。

まず思い浮かぶのは、ベトナムです。人件費の高騰で、すでに中国は「世界の安い製造所」の役目を終えています。世界中の企業が中国から離れ、製造拠点をアジア、アフリカなど、ほかの国へと移し始めています。そのもっとも有力な候補地がベトナムです。ベトナムは人口もそれなりに多いし、何よりもベトナム人は勤勉で製造業には適しています。同国にはフランス語や英語に精通している人が多く、日本語学習もブームです。つまり、現地指導がしやすいというメリットがあります。

ベトナムに製造拠点を移しているのは、欧米や日本の企業ばかりではありません。当の中国の企業もメイド・イン・チャイナだと商品が売れない、もしくは高い関税がかかると判断して、ベトナムやそのほかの東南アジア諸国へと移動を始めています。このような点では、中国人は思い切りが早いのです。

こうしてベトナムがまず潤います。

もうひとつ、大きな恩恵を受けるのはインドです。特にインドの場合は、中国と対立しているということと中国に匹敵する人口を持っていることが強みで、アンチ中国という意味でも欧米資本はこぞってインドに投資をして、インドの強化を狙うでしょう。

脱中国で漁夫の利を得るのはベトナムとインドであるという点では、この章の冒頭近くで紹介したマーク・モビアス氏と私は見解が一致しています。

はかりしれないインドの底力

2015年、インド海軍は日米と初めて海上演習を行いました。これは安全保障上の画期的な出来事だと言えます。むろん、対中包囲網の一環です。

インドはご承知のとおり、大の親日国でもあります。先の大戦で、イギリスからの独立を日本軍が支援したということが大きいようです。その意味では、日本に対するポジティブな雰囲気があり、中国とは違います。

一方で、現時点での6~7%台の経済成長率を、おそらく今後も続けることが可能な国であり、実は国の借金も少ないのです。まだいくらでも負債を増やせるような立場にありますので、これからも経済がどんどん伸びていくと考えています。投資のメガトレンドになるはずです。

インド投資でリスクと考えられるのは、やはり貧富の格差とカースト制度の問題です。ただ、これから国自体が世界に向けて開かれていくにつれて、それらの問題はだんだんと緩和されていくはずです。これは断言しておいていいでしょう。イスラム世界が政教分離の方向へ向かっているのと同じです。

カースト制度の緩和のきっかけとして作用したのは、インドのＩＴ部門での成功です。インドは隠れＩＴ先進国と言われています。アメリカやイギリスの大手ＩＴ企業には超高給のインド人プログラマーがたくさん勤務しています。

ご承知のとおり、カーストは階級であると同時に職業を固定化するものです。料理人の息子は料理人ですし、掃除夫の息子は掃除夫を継がなければいけません。よくインドの商人は商売が上手いと言いますが、それも当然のことで、先祖代々、何千年と同じ商売を受け継いでいるのですから、昨日今日脱サラしてお店を開きました、などという日本人とはそもそも年季が違うのです。同じように、インド人コックの作るインド料理はとても美味しい。これも先祖代々継承された料理の技ということになります。一方、カーストによる不合理な面もたくさんあります。ある日本商社のサラリーマンがインドのそれなりに高級なホテルに滞在していたときの話です。部屋の電球が切れていたのを見つけたサラリーマンがその旨をフロントに連絡すると、しばらくして３人の従業員が部屋にやって来たそうです。ひとりは脚立を運んで、作業中にこれを押さえる係、もうひとりは脚立に登って電球を替える係、最後のひとりは無事電球が交換できたかを見守る係です。本来ひとりで済む作業に3人必要なのです。これだけでいかに不効率で不合理なことかがわかります。この三つの係はすべてカーストの職業区分によって分けられているのです。脚立を運ぶ男性のお父さんもお爺さんも、おそらくは生涯、ホテルで脚立を運ぶ仕事に甘んじていたのでしょう。そう思うとなんともやりきれない気持ちになるのではないでしょうか。

しかし、IT技術者は伝統的なカーストに囚われない新しい職業です。だから、どんなカーストの出身者でも素質と機会さえあれば参加できるジャンルだったのです。0（ゼロ）という数字の概念を発見したのはインド人ですし、インドでは子どもでも3桁の掛け算を暗算できると言います。そういう意味では、もともとかなりデジタル思考に向いた人たちだったのでしょう。IT業界に全インドから優れた人材が集まって来るのも納得できます。

これがひとつのきっかけになり、おそらくこれからもカーストに囚われない職種は無限に広がっていくでしょうし、それにつれて、厳格なカースト制度というのもなくなっていくでしょう。

それから、アメリカとの約9時間半という時差（ワシントンDC―ニューデリー間）もインドの強みです。つまり、アメリカがアメリカ時間の夕方にインドの会社へ電子メールでプログラム作成の発注をした場合、インドは朝の就業開始時間なので、その日一日を使ってプログラムを完成させ、メールで送るとちょうどアメリカ時間の朝に届くのです。タイムラグがなくて効率がいい。言い換えるなら、24時間フル稼働のオフィスにいるようなものです。

一方、一部の日本企業が期待を寄せているミャンマーですが、この国は中国が関与し過ぎているうえに、いろいろな問題を抱えています。やはり、歴史的、伝統的にも中国と大きく対立していて、かつ親日的で、経済成長のポテンシャルがあり、大きな人口を有し、総合的に今後も発展していく底力をもっているアジアの国と言えば、インドとベトナムという答えになってくると思います。グレーターインディア（インド文化圏）という意味で考えると、バングラデシュ、パキスタン、ネパールも親日国です。ただ、パキスタンとインドが対立しているなど、英国の植民地時代の後遺症とも言える歴史的な問題もあります。それらに関しては日本がグレーターインディアの仲介役を務めることも可能だと思います。

そのほかの国で言えば、インドネシア、マレーシアも親日国で生産能力のある国です。マレーシアはこれまでやや中国寄りの政策を採ってきましたが、マハティール氏が再び政権を取ったことによって今後、どうなっていくかには注目しています。インドネシアも生産能力に関しては優れていますが、現在、中国と親密な関係にあるので、日本はこれからどう動けばいいのか、考えていくことになります。

「環境」は注目の産業だ

今、世界の投資家が注目しているのがサステイナブル投資です。sustainableとは直訳すると「持続可能」という意味で、意訳すれば、「地球環境や社会に関しての持続可能な発展」ということになります。簡単に言えば、環境保護と経済が持続的につながっているという考え方で、環境に優しい産業のことです。

20世紀までは産業の発展のためにはある程度、自然環境が犠牲になることはやむをえないというのが主流の考えでした。それによって生まれた顕著な厄災が各種の公害でした。しかし今は、環境に配慮し、かつ社会に貢献することが産業へとつながる（持続する）という考え方が投資の世界でもトレンドになりつつあります。

一番わかりやすいところで言えば、エネルギー効率のいい製品です。これに関しては、日本は最先端です。消費電力の少ない家電製品や燃費のいい自動車、あるいはハイブリッドカーや水素自動車へのコンバート、さらには河川などの浄化システムなどの技術は世界の垂涎《すいぜん》の的です。70年代、公害大国という汚名のなかで日本がこれまでのやり方を反省し、努力してつくりあげたものが、産業モデルとして開花したのです。

サステナブルについて言えば、ベジタリアニズムやビーガニズムなども今後、大きな投資テーマになると思います。vegetarianism も veganism も、ともに「菜食主義」と訳しますが、その理念は大きく違います。

宗教上の理由や健康上の理由、あるいはダイエットなどを目的として菜食に徹する人を一般にベジタリアンと言います。肉魚は食べないけれども卵は食べるという人や、チーズなどの乳製品はＯＫという人までいろいろなタイプの人がいます。一方、ビーガンは完全菜食主義で、「あらゆる動物の生命と権利を守る」ことを行動の理念としています。ですから彼らは、肉食はもちろんのこと、卵、あるいは牛乳、チーズといった加工乳製品も「動物からの搾取」として忌避《きひ》の対象とします。革靴やダウンジャケット（羽毛）も身につけないというほど徹底した人までいます。とりわけ、ヨーロッパのビーガンは過激さで知られ、肉屋やステーキハウスを集団で襲ったりしますが、それはごく一部の人たちです。

「菜食」に関しては、これからは世界的にひとつの潮流となるのは間違いないでしょう。たとえば、アメリカではビヨンド・ミートという会社が２０１９年に上場以来、すさまじい勢いで株価が上昇しました。植物原料を使った人造肉を製造提供する会社です。アメリカのファーストフードが試験的に「肉を使わないハンバーガー」をメニューに出したところ、健康ブーム、自然食ブームに乗って大好評でした。それ以後、この代替肉バーガーはほかのファーストフード・チェーンにも波及していきました。むろん、代替肉のパティはビヨンド・ミートの製品です。

私もあるとき病気のため、大好きなチーズを控えるよう医者に言われて閉口しましたが、そのとき助けになったのが、「まるでチーズ」という、豆乳から作った代用チーズでした。日本は豆腐をはじめ、大豆食品の宝庫です。それこそほんの少しのアイディアや工夫でこの市場に参入できるチャンスはいくらでもあると思います。

ひところ、肉食女とか草食男とかいう言葉が流行りましたが、これからの世界の流れは圧倒的に草食です。物欲の薄い、言い換えるなら狩猟意識の薄いミレニアル世代はまさに草食世代であり、ベジタリアニズムやビーガニズムにも敏感なので、これらの関連は今後、伸びる産業だと思います。

サステイナブルのジャンルでもうひとつ特筆すべきものを挙げるとしたら、いわゆる社会貢献を目的とした企業、たとえば、障害者の就職支援をするサポート会社などです。その分野では、ＬＩＴＡＬＩＣＯ（りたりこ）という会社がありますし、ウェルビーという会社もあります。どちらも私の注目株です。これからはただ儲ければいいというだけではなく、社会にどのように貢献しているかということが企業の評価のポイントになるからです。投資家にもまた、投資を通して社会に貢献するという自覚を持つことが求められるようになります。社会に優しい、環境に優しい、人間に優しい。この3つが成長企業のポイントとなるのです。

日本株は今、上昇サイクルに入っている

日本株に関して私はかなり強気の期待感をもっています。

この本のサブタイトルにもなっていますが、この令和の時代、日本株は30万円ぐらいにまで上昇すると見ています。その話をすると、「まさか」「冗談でしょ」という顔をする人も少なくありません。日本びいきの外国人（私は帰化しており、現在は立派な〝日本人〟ですが……）のリップサービスくらいに思うらしいのです。しかし、私からすれば30万円というのはかなり控えめに言った数字にすぎません。

たとえば、2018年の最高値は2万4000円。30万円というとこれの約12・5倍となります。この12・5倍をどれぐらいの期間で達成するのかと言うと、30年から35年。令和の時代があとどれくらい続くかはわかりませんが、今の陛下はまだお若いので、30年、もしかしたら40年、今の医学の進歩を考えれば100歳までいらっしゃる可能性だってありえます。

私は、30～35年くらいの間には、少なくともそれくらいの上昇はゆうにあるのではないかと予測を立てています。

日本株はすでに上昇サイクルに入っているというのが私の見方です。日本の近代経済は約40年かけて上昇し、その後約23年間の停滞期を迎え、再び上昇期を迎えるという法則があるということをまず頭に入れておいてください。現在新しい40年上昇周期の入り口にいます。

日本の相場には141年間の歴史があります。スタートは1878年（明治11年）9月16日（日本最初の株式会社・第一国立銀行─現みずほ銀行・旧第一勧業銀行─の株式が上場された）です。ちなみにこの年に何が起こったかというと、大久保利通が暗殺されています（5月）。外国に目を転じれば、トーマス・エジソンが蓄音機の特許で得た莫大な資金を元に、自らの名を冠したエジソン電気照明会社を設立させたのがこの年。現在のゼネラル・エレクトリック社の母体がこの会社です。1回目のサイクルが始まり、そこから株価がピークを越えたのが1920年（大正9年）3月。当時日経平均はないので、東京株式取引所つまり「東株」の株価を指数として採用すると、この41年6カ月の間で株価は297倍に達しています。

23年3カ月の下げサイクルがあり、1943年（昭和18年）6月に、東京、大阪、横浜、名古屋、京都、神戸、博多、広島、長崎、新潟、長岡の取引所が日本証券取引所に統合されました。敗戦と共に株式市場はGHQによって閉鎖されますが、その間も道端で相対取引などが行われたようです。

そして、１９４９年（昭和24年）年5月、市場が再びオープン。今度は2度目のサイクルが始まるのです。戦争の傷跡が生々しく、まだまだ貧しい時代でしたが、この年から復興の兆しが少しずつ見えてくるようになりました。中国共産党の北京入城（1月）から中華人民共和国の設立（11月）、朝鮮労働党の結成（6月）、ドイツ民主共和国（東ドイツ）の設立（10月）と、くしくも世界地図上に東西冷戦がレイアウトがされ始めた年でもあります。

この１９４９年から40年7カ月かけて日経平均株価は２２５倍に成長しています。２２５銘柄で構成される日経平均は安値から高値に動く過程で２２５倍になりました。

そこから下げサイクルが23年7カ月続きます。そして２０１１年（平成23年）1月1日、東証と大証が統合し、翌年にＪＰＸ４００がスタートします。そこで下げサイクルは終了し、上昇サイクルに入ったと考えています。というのも、株式市場の数が削減され、市場統合が起こるのは上昇サイクルが始まる起爆剤になります。これにはいくつかの理由がありますが、ひとつ挙げるなら、資金が一箇所に集まり資本市場の効率性が増すからです。くしくも現在、東証の再編が行われようとしており、おそらくそれもポジティブに働くだろうと考えています。

日本の相場 ～日本市場 141 年の歴史～

東京株式取引所株（東株）株価推移

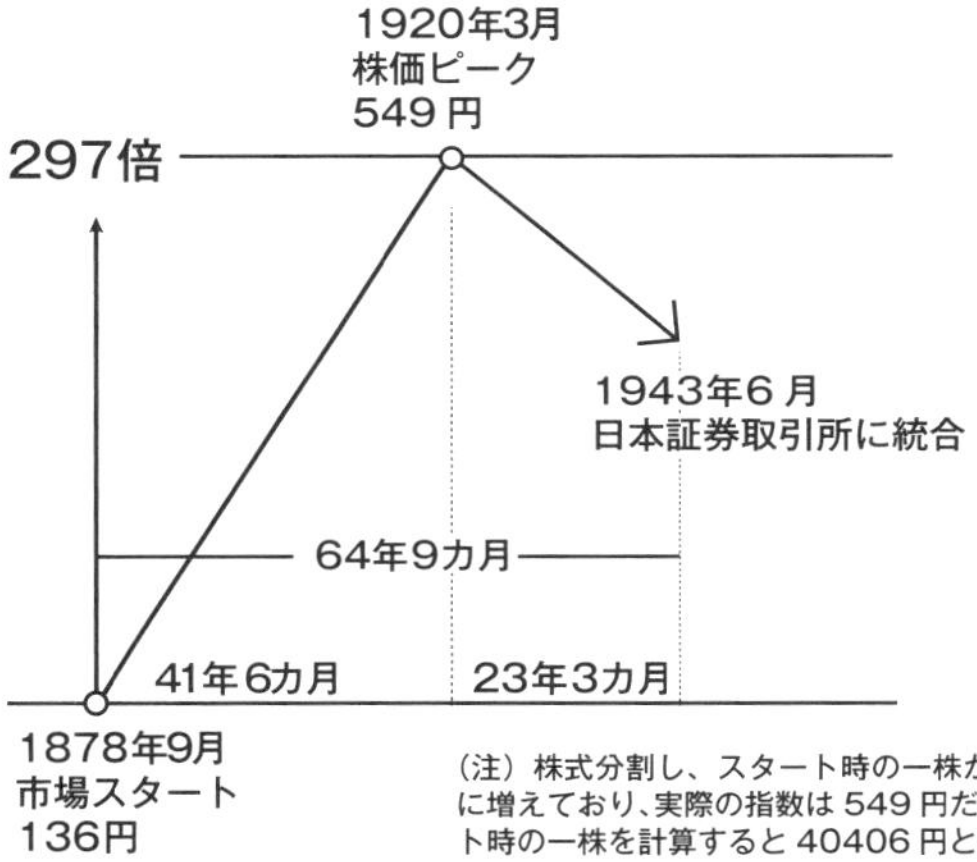

（注）株式分割し、スタート時の一株が 73.6 株に増えており、実際の指数は 549 円だが、スタート時の一株を計算すると 40406 円となる。

日経平均株価（日経 225）株価推移

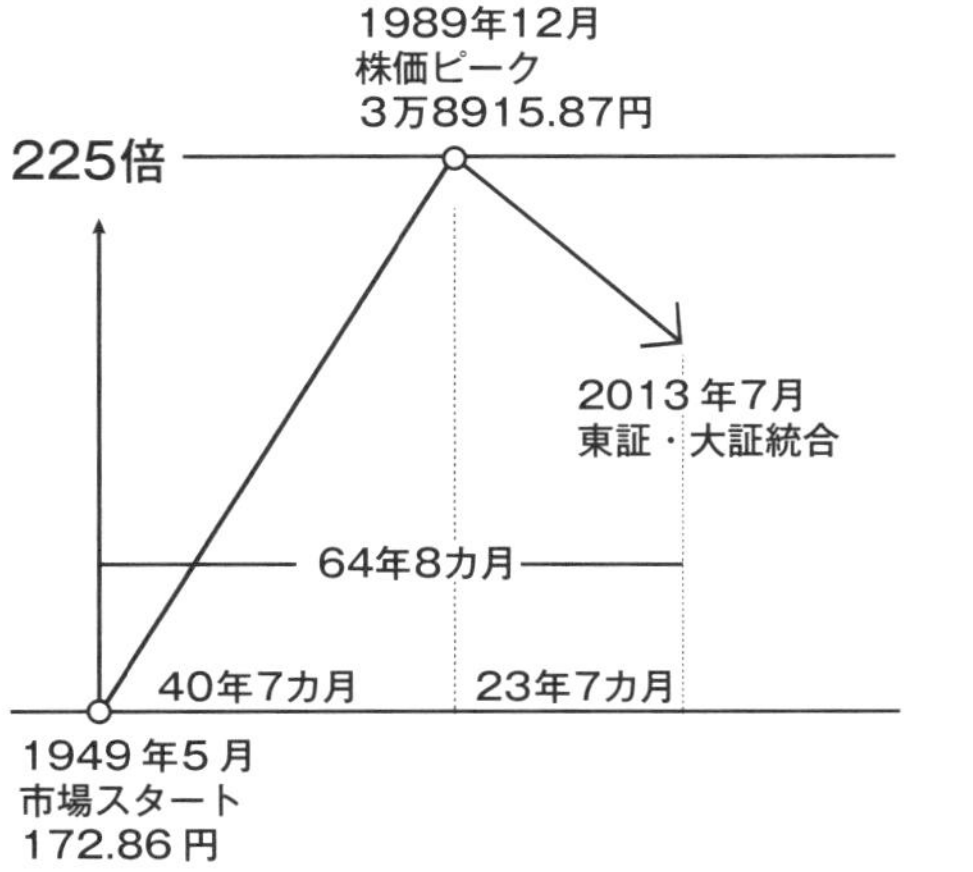

出所：複眼経済塾

安倍政権誕生の意味

日本株のサイクルは63年。40年間上昇して23年間下げるというパターンです。つまり、40年の上昇サイクルと23年の調整が1セットになっています。日本はこれを今まで2回経験してきました。それぞれ40年間で1回目は297倍、2回目は225倍に株価は上昇しています。

そして2013年（平成25年）から新しい40年間の上昇サイクルに入りました。注目すべきは、2013年という年――これは、新冷戦のスタートとぴたりと重なります。

もちろん、多少の上がり下がりはあるでしょう。おそらく、ここ1年から1年半くらいは下げ相場が続くと思いますが、その後は大きな上昇相場が始まると私は読んでいます。

日本の上昇サイクルが冷戦開始と重なるのも決して偶然ではありません。

日経平均は1989年（平成元年）12月に3万8915円の市場最高値をつけています。その前月にベルリンの壁が崩壊しました。この年にはほかに、ハンガリーの社会主義体制終焉（10月）、ブルガリアでジフコフ共産党書記長の失脚（11月）、チェコスロバキアで共産党

戦前の相場と戦後の相場の共通点

◆約40年の上昇相場、20年強の調整相場

◆市場スタート64年後に取引所統合

1943 年：東京、大阪、横浜、名古屋、京都、神戸、博多、
広島、長崎、新潟、長岡⇒**日本証券取引所へ**

2013 年：東京証券取引所、大阪証券取引所
⇒**日本取引所グループへ**

上　昇		スタート時 ⇒ 最高値
東　株	41 年 6 カ月	1878 年 9 月⇒ 1920 年 3 月
日経平均	40 年 7 カ月	1949 年 5 月⇒ 1989 年 12 月

調　整		最高値 ⇒ 統合
東　株	23 年 3 カ月	1920 年 3 月⇒ 1943 年 6 月
日経平均	23 年 7 カ月	1989 年12月⇒ 2013 年 7 月

◆5回の上昇大相場、9～10回の調整相場
（141 年全10 回の上昇大相場のスタートは末尾４年が５回）

◆株価ピーク後数年で大震災
東　株　最高値 1920 年3月　**3 年半後　関東大震災**
日経平均　最高値 1989 年12月　**5 年後　阪神大震災**

◆スタート時点の数年前に価値観を大きく変える出来事あり
明治維新（1868年）　⇒　東株スタート（1878年）
太平洋戦争終結（1945年）⇒　東証再開（1949年）
東日本大震災と原発事故（2011 年）、新冷戦の開始（2013 年）
⇒　JPX400 スタート（2014年）

◆スタート時点ではインフレ、その後デフレ政策で下落相場、株価ピーク時直前は債権大国

出所：複眼経済塾

政権崩壊（同）、ルーマニアでチャウシェスク夫妻の処刑（12月）と、東西冷戦に次々と風穴があく事件が起きています。

つまり、日本の株式市場は旧冷戦の終結時に最高値をつけて、そこから下げ始めたということになります。そして、新しい冷戦の開始と共に日本株の下げが止まります。これは安倍政権が誕生したのとほぼ同じ時期です。これらがすべて、あたかも連動するように起きています。これを単なる偶然と見ていいのでしょうか？

過去の例から推測すると、今度の上昇期に株価は最終的に２００倍くらいになってもおかしくはありません。現に、１００万円に届くのではないかと試算する人もいるくらいです。ただ、私は控えめに30万円だと言っています。日本の株価が著しく低かった戦後と異常なバブルだった１９８０年代後半を除いて計算しても、私の予想は十分実現可能と考えています。たとえば、１９６６（昭和41）年から１９８６（昭和61）年までのちょうど20年間で日本株は約14倍に成長しています（安値と高値を比較）。その間にアメリカの株価は約４割下がりました。まさに日本株が下がって米株が上昇した平成の相場とは正反対でした。

平成の時代に大きく上昇したアメリカ株は今後、苦戦すると考えます。アメリカ株を今まで引っ張ってきたのは知的財産を多く保有しているＩＴ関連企業でした。それが評価されてバリエーション（企業価値）が相当高く買われていたとみるべきです。アメリカ株は今後30

年間でおそらく2倍か3倍くらいにはなるでしょう。しかし一方で、日本株は13倍から15倍に成長すると見ています。現在の株価を2万円で考えると30万円まで15倍です。2018年の高値である2万4000円から計算するとおよそ12・5倍になります。

投資はストーリーで考えよ

投資はモノの真の価値を考えることから始まります。経済学の用語ではこれを「本源的価値」と呼ぶのですが、基本的には、何事もまず本源的な価値で考えなければなりません。

株式であれば、株価ではなくて時価総額で考える。つまり、この会社にとってこの時価総額は高いのか安いのか。それは何で判断するかと言えば、その会社が活躍している市場の規模です。たとえば、ある企業が2兆円の評価だとしましょう。その企業が活躍している、もしくは狙っている市場の規模が全体で3兆円しかなく、成長の余地もあまりないと仮定したら、少なくとも現在7割は支配している、もしくはそれくらいのポテンシャルがあるとみなされてこの評価となるのです。実に単純な考え方に思えますが、これが基本中の基本です。

つまり、株価が○○円になったということよりも、この企業はその市場にどのくらいのシェアがあり、時価総額がいくらなのか、ということを考えるべきなのです。

もうひとつ、重要なのは会社のバリューです。この会社の実際の価値はどこにあるのか？時価総額や株価に現れていない隠れた価値は何なのか？　それは、その会社が保有しているキャッシュかもしれないし、不動産かもしれません。たとえば本社が都心の一等地に建っているというようなことかもしれません。

わかりやすいのは、鉄道関連の会社です。鉄道会社というのは鉄道を運営しているのは言うまでもないですが、同時に、一等地に不動産を保有している資産会社という特徴もあります。そういう側面を見逃してはいけません。

よく初心者の方から売り買いのタイミングについて聞かれるのですが、これは当然、安く買って、高く売るというのが基本です。しかし、相場のどこが底でどこが天井なのかというのはなかなかわかりません。

だから、私がいつも説明するのは、投資というものは株価ではなくてストーリーで考えましょう、ということです。たとえば、時価総額であれば今後、この市場はこれくらいに拡大し、この企業はこれくらいシェアを拡大するだろう、そうしたら、おおよそこれくらい大きくなる可能性があるという予測を立てます。仮に、現在時価総額が１００億円しかない企業が、２兆円の規模がある市場で今後10％くらいのシェアを取れると考えたとします。そうすると、将来的には時価総額が２０００億円になるということになります。つまり、今後20倍になる可能性があるということです。これはシンプルな考え方ですが、実に効率的で投資のエッセンス（本質）だと言えます。これができれば、あなたはひとつのストーリーをつくったことになります。そのためには、この会社がなぜ10％のシェアを獲得できるのか、何が特徴なのか、経営者が優れているのか？　マネジメントに長けているのか？　サービスがいいのか、そういったことを自分で判断してほしいのです。

私がいつも参考にさせていただいている著名投資家ウォーレン・バフェット氏やピーター・リンチ氏の言葉を借りれば、日常生活の中にヒントが隠されているということです。われわれは毎日の生活の中で、製品だけでなく、サービス業や情報産業の分野でもいろいろな上場企業にお世話になっています。これがヒントになります。たとえばこのサービスがいい、この商品がいい、もしくはここの服がいい、ここのご飯が美味しいといった、非常にシンプルな要素です。そういったことが入り口となり、その会社に興味を持って調べてみて、老舗の上場企業だったり、上場したばかりであったり、あるいはこれから上場するかもしれないことがわかった場合は要マークなのです。

わくわくした気分で投資先探しを

気になる企業があれば、自分でしっかりとデューデリジェンス（調査・精査）をします。株というのは大きな買い物です。われわれはたとえば、テレビを買うにしてもすぐには買いません。インターネットで調べたり、カタログを取り寄せたり、CMを参考にしたり、あるいはヤマダ電機やヨドバシカメラに実際に足を運んでいくつかの商品を比べてみます。価格、性能、デザイン、アフターサービス、といったことを「精査」して、ようやくどのメーカーのどのテレビを買うかを決めるのです。それなりの時間や手間は必要ですが、実はそうやって調べるのは苦痛と言うより、むしろ楽しかったりしませんか？　自分の部屋に大きな画面、素敵な音声の最新型のテレビが来ることを想像してみてください。たとえば、クラシック音楽が好きなら、新しい40インチ画面いっぱいにオーケストラがモーツァルトを奏でている場面が浮かぶでしょう。カタログを見ながら、そのわくわく感を先取りしている感じです。

ところが、株を買うときは一般に他人に勧められるまま簡単に買ってしまう傾向にあります。つまり、テレビを買うときよりもよく考えないで大きな買い物をしているのです。まず、そういうことをやめるところから本当の株式投資が始まります。自分でモノの本源的な価値を考えて、自分で評価する癖をつけないといけません。これは難しいことではありません。株や投資は難しいという思い込みを捨てて、今述べたように、わくわく感を先取りしながらデューデリジェンスを楽しむことです。好きこそものの上手なれ、ということわざがあります。株を買う楽しさを味わえるようになれば、おのずと上手な買い方ができるようになるものです。

テレビを買うよりもむしろ楽かもしれません。あれこれカタログを取り寄せなくても、『会社四季報』一冊あれば十分です。これは私たちのようなプロの投資家でも同じです。あとは日常的に、『日本経済新聞』に目を通すぐらいです。

『会社四季報』は上場会社の基本情報や株価データ、業績、取引企業から取引銀行まで載っています。ぱっとページを開くと、誰でも知っているような有名企業から初めて名前を見る新しい企業まで、ぎっしりと並んでいます。あの会社がこんな事業を始めたのかとか、あるいはこんな業種があったのかといったことがわかると、それだけでも初心者には好奇心をくすぐられること間違いありません。通信販売のカタログを見ているような感じで『会社四季報』を楽しめたらしめたものだと思ってください。『会社四季報』は約2000ページあり、私は発売直後に最初のページから最後のページまで全て読破しますが、みなさんはパラパラめくるだけでも大きな効果があると思います。気になる企業を見つけ、自分なりにストーリーを描けるようになるまでにそんなに時間はかからないはずです。

株主総会は経営者を知るチャンス

株を買ってからは買いっぱなしではなく、ぜひ株主総会に足を運んでください。いろいろな発見があるはずです。

株価というのは最終的には経営者で決まります。よく言われているのは、株価は短期では需給やテーマで決まり、中期では商品やサービス、長期では社長で決まる。つまり会社を見るならばまず経営者を見ろということです。自分が投資している会社の株主総会は、経営者にじかに会えるチャンスです。その会社が成長するかどうかを判断できる絶好の機会です。

着眼点はどこかと言えば、その企業の社長がどういう人柄なのか、質問に対してハキハキ答えているか？　それとも、いちいち後ろの人たちに聞いているか？　批判に関してもごまかさずしっかりと相手の納得できる言葉で返しているか。これらが重要な判断材料となります。

一例を挙げるならば、インソースという、企業向けの社員研修を主な事業にしている会社があります。２０１７年の12月に株主総会があり、出席してみました。会社自体に役員も含めて実にアカデミックな雰囲気があり、社長もしっかりと的確に株主との対話ができる人でした。これはいい会社だなという印象を持って帰りました。やはり、その後、インソースの株価は大きく上昇しました。

一方で、これは名前を伏せますが、さるまだ新しいゲーム会社の総会に行ったら、社長が言っていることが抽象的すぎて雲をつかむような話ばかりで、さっぱり要領を得ませんでした。たとえば「日本一の会社をつくります」とか「時価総額が何兆円の会社をつくります」とか。はっきり言ってそういうことはどうでもいい。これは、経営者というよりも新興宗教の教祖のセリフです。

そもそも自分の口で語っている夢に到達するための具体的なプランを語れず、マイルストーン（一里塚）を立てられないのは、伸びる経営者とは言えません。つまり、ストーリーのない経営者です。本にたとえれば帯にはいろいろと刺激的な宣伝の文字が並んでいるけれども、読み物としては成立していない本、読んでもさっぱり内容が残らない本です。経営者にストーリーがないのですから、投資家がその会社のストーリーを描くことなどできるわけがありません。

たとえば、われわれは何％の市場シェアの獲得を目指してこのような経営戦略を行っていますというように具体的に話す経営者なら投資家もわかりやすいし、ストーリーが組み立てやすい。「何兆円の会社になります」というようなことはどうでもいいことだと言いたい。投資家にとっては、別に日本一の会社にならなくてもいいのです。株価が10倍になることのほうがよほど重要です。何をどうすることによってサービスが向上して、自分の会社の市場シェアを拡大できるかというビジョンを語ってほしいのです。マイルストーンを立ててほしい。最初に決めたマイルストーンに到達できれば、次のマイルストーンが見えてくるはずです。そのようにして会社は大きくなっていくものなのです。

そういうことを知るためにもぜひ株主総会に足を運んでほしいのです。それは、いずれ自分が経営側にまわったときのための勉強にもなるはずです。

ヒントは「トレンドの周辺」

「トレンドの周辺を見ろ」。これは私がさまざまなところで言ってきた投資戦略のための一番基本的なアドバイスです。つまり、トレンドがあったとして、そのど真ん中にある、一番ホットな株というのはたいして儲りません。これはトレンドだ、と認識した時点で、実はもうすでに評価されているのです。それよりも現在流行っているものの、ど真ん中より周辺的なもののほうが儲かるのです。風が吹けば桶屋が儲かるという日本のことわざがありますが、これは真理だと思います。

その典型例がゴールドラッシュです。ゴールドラッシュというのはご承知のとおり、19世紀のアメリカに起きたもので、西部でゴールド（金）が見つかり、一攫千金を狙ったにわか採掘者たちが西へ西へと押しかけた騒動を言います。いろいろな人たちがそこに行って金を掘ろうとしたわけですけれども、最終的には金を掘り当てた人はほんの一握りでした。では、そのゴールドラッシュで一番儲かったのは誰かと言うと、にわか採掘者たちに物を売った人たちです。例えば、スコップやツルハシ、蓑《みの》など、もしくは生活用品を売った人たち、あるいは採掘者目当ての酒場も大いに儲かりました。

しかし、なんといってもゴールドラッシュ長者の代表格と言えば、リーバイ・ストラウスです。ブルージーンズの代名詞とも言える、あのリーバイスの創業者です。当時、ズボンと言えば普通のコットンが主流でした。水のなかやゴツゴツ石だらけの鉱山や坑道などで作業しているとすぐに破れてしまいます。リーバイ・ストラウスはドイツから来たユダヤ人の移民でした。最初は採掘者たちのための生活用品店を作って営業をしていましたが、膝が破れた彼らのズボンを見ているうちに、丈夫なズボンのニーズに気がついたのです。まずリーバイは分厚いキャンバス地からズボンを作ろうとしましたが、キャンバスでは硬すぎて膝も曲げられません。そこでデニムに替えて試しに売ってみたところ、大当たりしました。これがブルージーンズの始まりです。あの独特の青い色はもともと虫よけのための染料だったとも言われています。

もうひとつ挙げるとすれば、今では世界でも有数の金融フィナンシャルグループのひとつに数えられているウェルズ・ファーゴです。ここもゴールドラッシュで大きくなりました。こちらはお金というもののニーズです。ゴールドラッシュをあてこんでやってくるのは採掘者だけではありません。彼らの懐を狙う盗賊の類も自然と集まります。テント暮らしの採掘者にとって、現金を手元に置くことは一種のリスクだったのです。彼らがお金を預け、引き出し、動かし、振り込みをするための銀行業としてウェルズ・ファーゴは出発し、大成功をおさめました。やがて、同社はアメリカの金融の中心地・ニューヨークに本社を移し、世界的な金融会社として大発展を遂げたのです。

ごく最近の例で言えば、デリバリーのドミノピザです。リーマンショック後、もっとも業績を伸ばした企業のひとつです。リーマンショックで景気が悪くなり、人が外に遊びに行かなくなりました。となれば、家のソファで映画のＤＶＤやネットフリックスを観て過ごします。そういうとき、手頃な軽食としてピザが重宝されるのです。成長率で言えば、アマゾンやグーグルをしのぐものがありました。

大流行があるときは、そのど真ん中よりも周辺的なものに目配りして投資を考えた方が、絶対にリターンは大きいのです。ど真ん中の一番ホットなストックというのは、もうすでに割高であるケースが多いのです。

「流行とは未来の流行おくれ」という言葉があります。トレンドが大きいほどブームが去ったあとの光景は惨憺《さんたん》たるものです。小売店を想像してみてください。流行っているからといって同じ商品ばかりを大量に仕入れている店は、ブームが去ったあと、在庫の山に囲まれて泣くに泣けない状況に陥ってしまいます。下手をすれば倒産です。株の投資も同じことで、流行に乗って買った株があれよあれよという間に急落してしまうなどということは珍しくありません。まして、情報過多の現代は流行のサイクルも短い。買い時かと思ったときがすでに売り時ということも、この世界の常識ではよくあることなのです。

しかし、「トレンドの周辺」にあるものに関しては流行が去ったあとでも違う展開を見せたり、波及していったりすることが十分ありえます。ゴールドラッシュに沸いたカルフォルニアですが、金はわずか数年で採り尽くされて、ブームは潮が引くように去っていき、残ったのはゴーストタウンと土地を奪われたインディアンによる報復だけでした。ところが、リーバイスのジーンズはなくなるどころか、今も世代を超えて世界中の老若男女に愛されています。単なる作業用ズボンでは終わらなかったのです。

株で勝っているときこそ慎重に

これも基本的なアドバイスなのですが、ビジネス、とりわけ投資の世界では、負けているときよりも勝っているときのほうが危険だということです。勝っているときは気が大きくなりますから、引き際がわからなくなります。そのために、結果的に損をする人も多いのです。

分散投資も非常に重要です。リスクもリターンも分散しておく。そのうち最低ひとつはディフェンシブな日本株や鉄道株、アメリカ国債など、リターンは小さくても安定した投資先を選び、安全資産と言われているものを持っておくことがベターです。

どんなに期待される成長企業でも、不測の事態やアクシデントからは逃れられません。これも名前は伏せますが、最近投資家の注目を浴びていたある会社がありました。その会社はインドで現地の大手と組んで新しい事業を展開したいという大きな夢を抱えていました。非常にきれいなストーリーです。社長も実直で明朗であり、株主たちからの信頼もありました。しかし、結果的にそのプロジェクトは、いざ実行する段になったときに予想もつかない事態が発生して足踏み状態に置かれました。何が起こったのかというと、インド側のパートナーの会長が突然自殺してしまったのです。プロジェクトは白紙にはなっていないものの先行きの不透明感が増し、株価も大きく下がりました。

これは誰のせいでもないわけです。その会社のせいでもなく、むろん投資家のせいでもないのですが、こういったことが往々にして起こる。したがって、どんなにストーリーが魅力的でも、自分の財産をすべてひとつのものに賭けてはいけません。

パニックは早いうちがいい

個人投資家によくありがちなのが「イナゴ投資」です。イナゴというのはもちろん隠語で、「イナゴのようにひとつのところに群がる」という程度の意味です。つまり、何かの株が上がっているときはみんなでいっせいに買おうとして、それで焦げついたり、痛い目に遭ったりするというたとえです。先にも触れましたけれども、トレンドの真ん中にあるものは、そこが頂点で、あとは下がる一方だということに多くの人たちは気がついていないのです。

私はウォールストリートの格言を少しいじってこう言うのです。「ブルは上げ相場でベアは下げ相場で儲けられるけども、イナゴは上でも下でも佃煮にされるだけ」。ブル（牛）は強気・上昇、ベア（熊）は弱気・下降を意味する投資の世界の言葉です。転じてブル型投資、ベア型投資などという使い方もします。上昇気流を読んで投資するのがブル投資で、逆に将来の下げを見込んで、高値のうちに売っておこうというのがベア投資です。しかし、イナゴは何の戦略もなく、ただ群れにまかせて食いつくすだけなのです。稲を食いつくせば、あとは自分たちが餓死するだけです。イナゴにだけはならないで自分の頭で戦略を立てて、ストーリーを描くべきだというのが私からのアドバイスです。

そして、常に冷静であってほしい。今述べた、不測の事態に遭遇しても決してパニックにならないで冷静に対処する必要があります。大丈夫です。必ず抜け道につながるドアは見つかります。

ただ、もしパニックに陥るのでしたら、なるべく早めに陥っておいたほうがいい。すぐにパニックになる人は逆に生き残るのです。不思議なもので、すぐにパニックになる人と、まったくならない人は生き残ります。逆に、まだ大丈夫、まだ大丈夫と放置していて、どうしようもなくなったときに初めてパニックに陥る人は、一番駄目なのです。だいたい、そんな人が事態に気づいて、あわてて売りに出たころはもう底値なのですから。早目にパニックになった人は対処も早いですから、火傷も軽い。賢い投資家になるための授業料、で済みます。現に、このタイプから賢い投資家になった人はたくさんいます。

10本に一本のホームランのつもりで

よく、投資はギャンブルだという言い方をする人がいます。確かにそう見える側面はあるかも知れませんが、両者は根本的に大きく異なります。

たとえば、ギャンブラーに向かって「トータルで勝っていますか？」と聞くのは大変失礼なことなのだそうです。勝つときは勝つ、負けるときは負けるのが勝負師だというのです。しかし､投資家は違います。トータルで勝たなくては意味がないのです。ギャンブラーにとってはひとつひとつの勝負は点なのかもしれませんが、投資家は線、あるいは面として見るのです。

たとえば、10銘柄持っているとしたら、その10銘柄のうち9銘柄で少し勝っているか、もしくは大きく負けていなければよしなのです。10銘柄のうち、もし1銘柄だけでもテンバガー、つまり10倍株を出せば、資産が倍になるのです。これがポイントです。だから、概ね市場に負けない投資をして、たまにホームランを打つ。待てば必ずいい球は来ます。かといって、毎回ホームランを狙いにいくと大きく空振りする。大きく勝ちにいくことは、そこに大きく負ける要素もあるからです。

だからむしろ、ギャンブルというよりも釣りに似ているかもしれません。釣り糸を垂れてジッと好機を待つ。小物でも釣れれば、一応それは勝ちといえます。ときには餌だけ食われて逃げられることもあるけれども、思わぬ大物を釣り上げることができるかもしれません。

勝率ではありません。勝つときは大きく勝ち、負けるときはできるだけ小さく負ける。損害を最小限にとどめ、資産を確実に増やしていく。そのためにも分散投資は不可欠なのです。

好きな物にこそ投資の価値がある

最後にひとつ、つけ足しますと、自分の理解できないものには近づくな、ビジネスモデルがシンプルな会社に投資せよということです。

シンプルで地味な会社は上がらないと思いがちですが、これは正しくありません。先ほどのドミノピザの場合も、ビジネスモデルはいたってシンプルです。電話一本で焼き立てのピザをお宅の玄関まで運びます。それが金融危機後の、外出を控えて余暇をネットフリックスで済ませるインドア族のライフスタイルに合致し、大成功したのです。

先ほど株主総会のエピソードで紹介したあるゲーム会社の場合は出席している株主を見ると、もののみごとに年配の方ばかりでした。70代のおじいちゃんやおばあちゃんがたくさんいました。おそらく、あの人たちはゲームなんかしたことがない人たちだと思います。単にゲームが流行りだから、投資先としては狙い目だと思って株を購入したのでしょう。その会社のゲームが面白いのか面白くないのかもわからない。値動きが激しいゲーム業界の事情も把握していないから、結局は下がりぱっなしで総会は大荒れでした。

世界最大の投資会社バークシャー・ハサウェイの総帥であるウォーレン・バフェット氏は、自分が理解できないものには絶対に投資しない主義を通してきました。ＩＴバブルのときも、自分はＩＴについてよくわからないからという理由で、ＩＴ関連会社には1ドルも投資せず、ものすごい批判と嘲笑を浴びましたが、結局、ＩＴバブルがはじけて彼が正しかったということが証明されたのです。

バフェット氏は88歳の今でも1日に5本は飲むほどのコカ・コーラ好きとして知られています。それが高じて同社の株を買い続け、現在は9％を保有する大株主です。コカ・コーラは一時、糖分含有量が問題視されて不健康飲料という烙印まで頂戴し、同社の株も下降線を描いていました。そんなときでもバフェット氏は「コカ・コーラを飲んだときの幸福感は健康上の不利益に勝る」と嘯《うそぶ》いて、投資を止めませんでした。その後、同社がダイエット・コークを発売すると、大ヒットし株価も上がり、不健康飲料を売る会社という汚名も返上することになりました。もちろん、バフェット氏の会社にも莫大な配当金が振り込まれたのです。

どんなに人から勧められても自分が理解できないＩＴには投資しない。不健康飲料の烙印を押されたとしても好きだからコカ・コーラを飲み続けるし、株も買う。バフェット氏の投資哲学は明確でありスマートです。

もちろん、「好き」というのは「理解している」ことを意味します。たとえば、あなたがジーンズファッションが大好きなら、ジーンズ生地の良し悪しから流行のスタイルまで熟知していて、どのメーカーが魅力的かなど多くの判断材料をあらかじめ持っているはずです。少なくとも、リーバイスとＬｅｅの違いもわからないようなおじさんが投資するより失敗は回避しやすい。それならジーンズファッション関連株はあなたにとって検討に値します。

自分の好きな会社を応援するという意味で株を買うのも、ひとつのやり方としては正解です。そのメーカーの作ったジーンズを買うか、株を買うかの違いですから。株を買うというのは、ある意味ではオーナーになるのと同じことだと言えます。そう思えば、その会社に対する愛着もよりいっそう増すことでしょう。

経営者が代わっても生き残る会社

ビジネスモデルがシンプルでわかりやすい企業に投資することが大切です。ビジネスモデルとは、投資家の立場からいえばストーリーです。

観念的で難解な本をたくさん読んでいくら賢くなったつもりでいても、読後に残るものがなければ意味はありません。アンデルセンやグリムの童話のように、子どもにもわかりやすいけれども寓意と教訓に富んでいて大人になっても忘れることがないという物語はいくらでもあります。同じように、投資家の思い描くストーリーはテーマがはっきりしていて、シンプルでなくてはいけません。

たとえば、おもちゃメーカーなら「子どもが遊びながら基礎学習が身につくおもちゃ」というように明確なテーマを持った会社はビジネスモデルがしっかりしていて、投資家もストーリーを描きやすいのです。高齢化社会を迎え、伸びが予想されるのが介護関連株です。現在、介護用品のメーカーでは介護されるお年寄りの立場に立った商品はよく見かけますが、今後は介護する側の負担を軽減するための商品の開発が待たれるでしょう。それに気づいたメーカーは群を抜いて成長するはずです。なぜなら、その会社にはストーリーがあるからです。

ここ数年で株価が5倍になったエランという会社があります。ここの主力商品は「入院セット」です。病院や介護関連施設を通じて利用者に身の回り品などをレンタルしています。コンセプトは「手ぶらで入院」。私自身、最近急病で入院を経験しましたから、なるほどこれは重宝だと思いました。もちろん、家人がいろいろ持って来てはくれますが、とっさのことで気がつかないものもあります。そのつど電話して持って来てもらうわけにもいきません。都市部ではひとり暮らしの人が多いこともこの会社の強みです。

実にシンプルでしっかりしたビジネスモデルです。入院した、あれもないこれもない、困った、こんなものがあればいいなあ、と。誰でも一度は入院したことがあるでしょうから、投資家もストーリーが立てやすい。このような会社はこれからも伸びると思います。

ビジネスモデルがシンプルであればあるほど、その会社は長持ちします。ビジネスモデルが複雑難解だと、経営者が代わったときに継承できず、混乱に陥ります。そうして衰退していった会社を私はいくつも見ています。グリムの童話は誰が読んでも理解できますが、サルトルの本は、A社長が読んだときの解釈を次のB社長が引き継いでくれるとは限りません。それと同じことです。

「私は馬鹿が経営を引き継いでも大丈夫な会社にしか投資しない」。

これもバフェット氏のモットーです。会社というのはいつ経営者が替わるかわかりません。次の経営者は暗愚な人物かもしれない。この言葉はそういった経営者リスクというものがあるという警告なのです。

令和の御代を明るく生きよう

新冷戦時代の投資について、特に初心者の人向けに私なりのワンポイントアドバイスを書かせていただきました。

もし、これを読んで、あなたが投資の世界に足を踏み入れてみようと思われたら、まずは『会社四季報』を手にして、世の中にはこんな会社やあんな事業があるんだということを実感してみてください。きっとあなたの琴線に触れる会社があるはずです。そのうえであなたなりのストーリーを組み立ててみるのです。あたかも鉄道マニアが時刻表を見ながら列車旅行をシミュレートするように。何時何分の東海道本線に乗って、何時何分のローカル線に乗り換えたら、何時何分着で、乗り継ぎまで時間が余るからここで駅弁食べて、といった感じに。

とはいえ、実際の旅ではアクシデントはつきものです。つい乗り過ごしてしまったり、列車が不通になったり、あるいは途中で気が変わって違う路線に乗り換えてみたり、行く先々で予定変更を余儀なくされることでしょう。それも旅の醍醐味のひとつと言えます。肝心なのは、日ごろから時刻表に親しみ、時刻表を読む癖のついている人は、急な予定変更にも迷うことなく目的地に到達できるということです。

株の売り買いのタイミングというのは、自分が立てたストーリーで買って、そのストーリーが崩れなければ基本的にはキープし、ストーリーが崩れたら売る。これだけです。その場合は、躊躇なく旅を終えてください。

日本株は次の40年の上昇期に入りました。米中新冷戦は、日本経済再生のチャンスであると同時に、日本が世界をリードする国として注目を浴びる最大のチャンスでもあります。目先はちょっと下げ相場の可能性があるけれども、一回下げきったあとは大相場が間違いなくあります。

この本を読まれて投資と株に興味をもたれた方もそうでない方も、この令和という天恵を強いレバレッジとして、有意義な人生を創造していただければ幸いです。

エミン・ユルマズ Emin Yilmaz

エコノミスト、トルコ・イスタンブール出身

1996年に国際生物学オリンピックで優勝。97年に日本に留学。1年後に東京大学理科一類に合格。東京大学工学部卒業。同大学院で生命工学修士を取得。2006年に野村證券に入社、投資銀行部門、機関投資家営業部門に携わり、2016年から複眼経済塾の取締役・塾頭に就任。日経マネー、ザイFX！、会社四季報オンラインで連載を持ち、『日経プラス10サタデー』（テレビ東京）、『マーケットアナライズ+』（BS12）などのテレビ番組に出演。

構成：但馬オサム

米中新冷戦のはざまで日本経済は必ず浮上する

令和時代に日経平均は30万円になる！

2019年12月10日　第1刷発行
2020年1月30日　第2刷発行

著　者　エミン・ユルマズ

発行人　岩尾悟志
発行所　株式会社かや書房
〒162-0805
東京都新宿区矢来町113　神楽坂升本ビル3F
電話　03-5225-3732（営業部）

印刷・製本　中央精版印刷株式会社

ISBN978-4-906124-89-3 C0033